占領期の都市空間を考える

大手前大学比較文化研究叢書16

占領期の都市空間を考える

小林宣之・玉田浩之 編

水声社

まえがき

『大手前大学比較文化研究叢書第十六輯　占領期の都市空間を考える』をお届けいたします。今回も、本書の刊行が、当初予定していた三月から半年以上遅延した不手際を、編集の責任を負う者として深くお詫びいたします。

本輯は、大手前大学メディア・芸術学部建築コース所属の玉田浩之所員が企画立案を担当し、二〇一九年十一月二十三日（土）、五名の登壇者の参加を得て、本学ＣＥＬＬフォーラムで開催された交流文化研究所主催のシンポジウム「占領期の都市空間を考える　記憶をいかに継承するか」をもとに、論集として再構成したものです。

ところで、一九九六年の大学院文学研究科発足の後を受けて二〇〇三年に設置された交流文化研究所はその所名にも示されているように、本学大学院が対象とする研究分野、比較文化・比較文学を主たる対象に毎年シンポジウムを開催し、その成果を再編集して研究叢書として刊行することを根幹に据えた歩みを続けてまいりました。その大まかな沿革については本研究叢書第十三輯の「まえがき」ですでに紹介させていただいておりますが、今回のシンポジウムが従来と異なる新機軸のテーマであることを示すために、ここでもう一度簡単に振り返っておきたいと思います。

既刊十五冊の『大手前大学研究叢書』は大きく分けて三つないし四つの時期に分類できると考えています。第一期は第一輯から第五輯まで、大手前大学大学院初代研究科長（当時）の松村昌家氏を中心に編集され、谷崎潤一郎や夏目漱石といった近代日本の作家における西洋、視覚芸術における比較文化、また十九世紀末の英国と東アジアの関係、阪神文化の実相といった多様なテーマが取り上げられています。第二期は第六輯から第九輯まで、従来不明瞭だった発行母体を交流文化研究所とし、第三代所長の川本皓嗣学長（当時）を上垣外憲一教授（第四代所長）が補佐する形で、一九二〇年代と一九三〇年代の東アジアにおける文化交流のほか、比較詩学と文化の翻訳もテーマとして取り上げられています。第三期は第五代所長の柏木隆雄学長（当時）が比較の対象を日仏文化交流に絞り、文学、美術、マンガを題材に取り上げた第十輯から第十二輯までです。この後を受けて、私が第六代所長として業務を引き継ぐことになりましたが、当面テーマの刷新は考えず、第三期の日仏文化比較の路線踏襲を心がけてまいりました。第十三輯『日仏アニメーションの文化論』は、第十一輯『日仏マンガの交流――ヒストリー・アダプテーション・クリエーション』の姉妹編として企画されたものでした。第十四輯『明治初期洋画家の留学とフランスのジャポニスム』は、第十輯『日仏文学・美術の交流──「トロンコワ・コレクション」とその周辺』と第十二輯『江戸文化が甦る──トロンコワ・コレクションで読み解く琳派から溝口健二まで」の延長線上で、日仏美術交流の大枠に沿ったものとして企画したものでした。ただ、昨年度の第十五輯『なぜ学校でマンガを教えるのか？』は、第十一輯の続編として企画されながら、今回の企画に一脈通じる、新たな試みの萌芽としての一面も垣間見られた、ということができるかもしれません。と申しますのも、その書名にも窺えますように、この企画は、本学メディア・芸術学部に設置されている芸術コースマンガ制作専攻における教育の現状と、国内外の同様の試みとの連携を模索する試みだったからです。ここでは、第十輯から第十四輯まで引き継がれてきた日仏文化交流の枠をいったん離れ、一部イタリア・フランスにおけるマンガ教育事情を含みながら、一方では第六輯・第七輯・第九輯とも共通するアジア地域を取り上げて当地で実践されているマンガ教育の実情にも光を当て、他方では日本における同様の教育との関連を前面に押し出すことで本叢書を、学部レベルでの教育に関連付けるという新たな方向に向けて、一歩踏み出させることにもなりました。今回の第十六輯『占領期の都市空間を考える』も、メディア・芸術学部に設置されている建築コース建築・インテリア専攻における建築史の授業との関連のうちに構想されたという意味では、この新たな路線を異なるテーマにおいて変奏したと言えるのではないでしょうか。具体的に申しますと、太平洋戦争終結直後の米軍を主力とする連合国軍の占領という特殊な時期に着目し、住宅接収を始め、占領下日本の都市空間で生起したさまざまな出来事について、その記憶をいかに検証し、また継承していくか、という今回の問題意識は、本叢書がこれまで取り上げてこなかった未開拓の領域への視野を開く結果になったと考えています。これらの試みが将来、新たな第四期の始まりだったと言えるようになるのかどうか、今後の更なる展開を期待したいと思います。

それでは、シンポジウム当日の発表を、順を追って簡単にご紹介しておきましょう。まず午前の部では、第一登壇者の佐藤洋一氏（早稲田大学社会科学総合学術院教授）が長年携わってこられた、占領期に占領軍関係者によって撮影され、米国の諸機関にさまざまな形で保管されてきた無数の写真資料を発掘して系統的な分類・整理を施し、さらに裏付け調査を行なってこられた経緯について詳細な報告をされ、続いて福島幸宏氏（東京大学大学院情報学環特任准教授）は、公務員としての関西における複数の自治体史編纂、また公文書の管理・運営のご経験を踏まえて、占領期に関しても、その多様な記録の整理・保管上の困難について紹介され、その克服を経て継承へとつなげていくために有効なアーカイブズ構築の急がれることを訴えられました。

午後の部ではまず、第三登壇者として大西比呂志氏（フェリス女学院大学国際交流学部教授）が、戦争末期の空襲による破壊と占領期の大規模な接収という甚大な被害をこうむった横浜について、続いて、村上しほり氏（大阪市立大学客員研究員）が神戸・阪神間における同様の事態について、共に詳細な報告をされ、奇しくも、関東地区と関西地区の二大港湾都市が、大規模な空襲・被占領という共通の体験を余儀なくされた事例のご報告によって、問題点の俯瞰的な対比を可能にしてくださいました。最後に登壇された玉田浩之氏（大手前大学メディア・芸術学部准教授）からは、神戸地区における占領期接収住宅の一例として、ジェームズ山の欧米人向け高級住宅の事例に関する具体的なご報告をいただきました。

以上五つの個別発表の終了後、シンポジウムを総括する全体討論のモデレーターを務めてくださった大場修氏（京都府立大学大学院生命環境科学研究科教授）は、個々の発表を簡潔に要約された上で相互の間に見事な脈絡を付け、また、聴衆の方々から寄せられた質問も適宜取り上げながら、それぞれの登壇者から、議論を深める適切な発言を引き出すことで、本シンポジウムに卓抜なまとまりをもたらしてくださいました。

大手前大学比較文化研究叢書第十六輯は、以上の発表をもとに、各発表者の方々に改めて原稿をご執筆いただき、シンポジウムの十全な記録となるように心がけました。「全体討論」については、水声社の廣瀬覚氏が当日の録音資料をもとに丹念に稿を起こしてくださり、各発言者に該当箇所のチェックをお願いして遺漏なきを期しました。また、玉田浩之氏には、本シンポジウムの企画立案者として、シンポジウム本来の意図を明らかにする「あとがき」のご執筆をお願いしました。

昨夏、中国武漢市において突如発生し、年末から年始にかけて発症が確認された後、瞬く間に世界規模の大災厄となった新型コロナウィルス感染症は、私ども大学関係者にも多くの不自由と事態対処の努力を強いていますが、そうした繁忙の中、本叢書のために貴重な時間をお割きくださった執筆者の方々に心から感謝を申し上げます。

最後に、今回のシンポジウムを企画・立案し、成功に導いてくださった玉田浩之所員はもちろん、本シンポジウムの実施を見守り、ご尽力いただいた所員の方々、鳥越皓之学長、柏木隆雄客員教授、大島浩英教授、石毛弓教授、石田尚専任講師に心よりお礼申し上げたいと思います。また、最後までご清聴いただき、適切な質問で全体討論を有意義なものとしてくださったシンポジウム参加者の方々、いつもながら煩雑な事務を一手に引き受け、当日の準備に奔走いただいた丸山洋子氏、出版をお引き受けいただいて四冊目となる本書を今回も瀟洒な書籍に仕上げていただいた水声社に、心よりお礼申し上げます。

本書がシンポジウム当日の熱気を彷彿とさせ、一人でも多くの読者に迎えられることを編者の一人として心より願っております。

なお、本輯の刊行を待たずに私の第六代所長としての任期は終了し、すでに石毛弓教授が第七代所長に着任されています。思えば私の在任中、研究叢書の三月刊行は一度も実現できず、深く恥じております。現在も続く新型ウィルス感染症の蔓延によって、大手前大学交流文化研究所の運営も停滞を余儀なくされておりますが、すでに三度の企画立案を成し遂げてきた新所長のもとで、本研究所の活動が今後新たな展望を切り開いていくことを心から念じております。

大手前大学交流文化研究所前所長　小林宣之

目次

占領期写真におけるさまざまなまなざし

佐藤洋一

占領期の都市空間に関する史料の少なさを、写真がどのようにカバーできるか。筆者の近年の研究上の問いである。多くの写真を集めて、どのように整理し、そこから何を読み取ることができるのだろうか。

写真から読み取りうる情報は多様であるが、学術分野で、写真は一般に補助的資料として使われることが多い。自分自身の作業も含め、写真に潜む情報は部分的にしか活用されていないように感じている。写真を総合的、体系的に理解することで、多様な情報を引き出すことを考えたい。占領期を研究する上での史料の主役として写真を捉えてみたい。

本稿では、占領期写真アーカイブの必要性を踏まえた上で、多様な情報が含まれる写真記録をどう読めばいいのかを提案する。筆者の米国での調査の成果を紹介しながら、占領期写真を体系的に理解する試みとして、「まなざしの類型」という観点を示す。

はじめに

筆者は、占領期の写真記録を探すうちに、米国に資料があることを知り、一九九〇年代半ばから断続的に調査を続けている。訪問のたびに発見があり、米軍による公式写真から、徐々に調査の対象を広げ、近年は米国各地に所蔵されるパーソナルなコレクションの調査を行っている[1]（図1-1）。なぜ日本ではなく米国にある写真を調査するのか。大きく二つの点で有益だからである。

一つは戦勝国人の方が人材や資材の面において、圧倒的にアドバンテージがあり、公的なものから私的なものまで、多様かつ大量に写真が撮られてきたことである。二つ目は、資料の公開が圧倒的に進んでいることである。日本ではもちろん日本人が撮影した写真もあるが、その利用可能性や閲覧可能な写真の絶対数を考えれば、この時期の記録はむしろ米国で調査をすることが、現時点では確実に得られる量が多いのである。

米国所蔵の写真は一九七〇年代から紹介されてきたが[2]、写真の紹介とともに「秘蔵写真」「貴重写真」といった言葉で形容されてきた。しかしそれらの多くは、米国で一般に公開され、「秘蔵」という状態からは程遠い。秘蔵とは、日本人がこの時期の写真や史料に対して抱いている欠乏意識を投影している言葉にすぎない。その意識は当時の政治状況、生活状況、写真事情によってもたらされたも

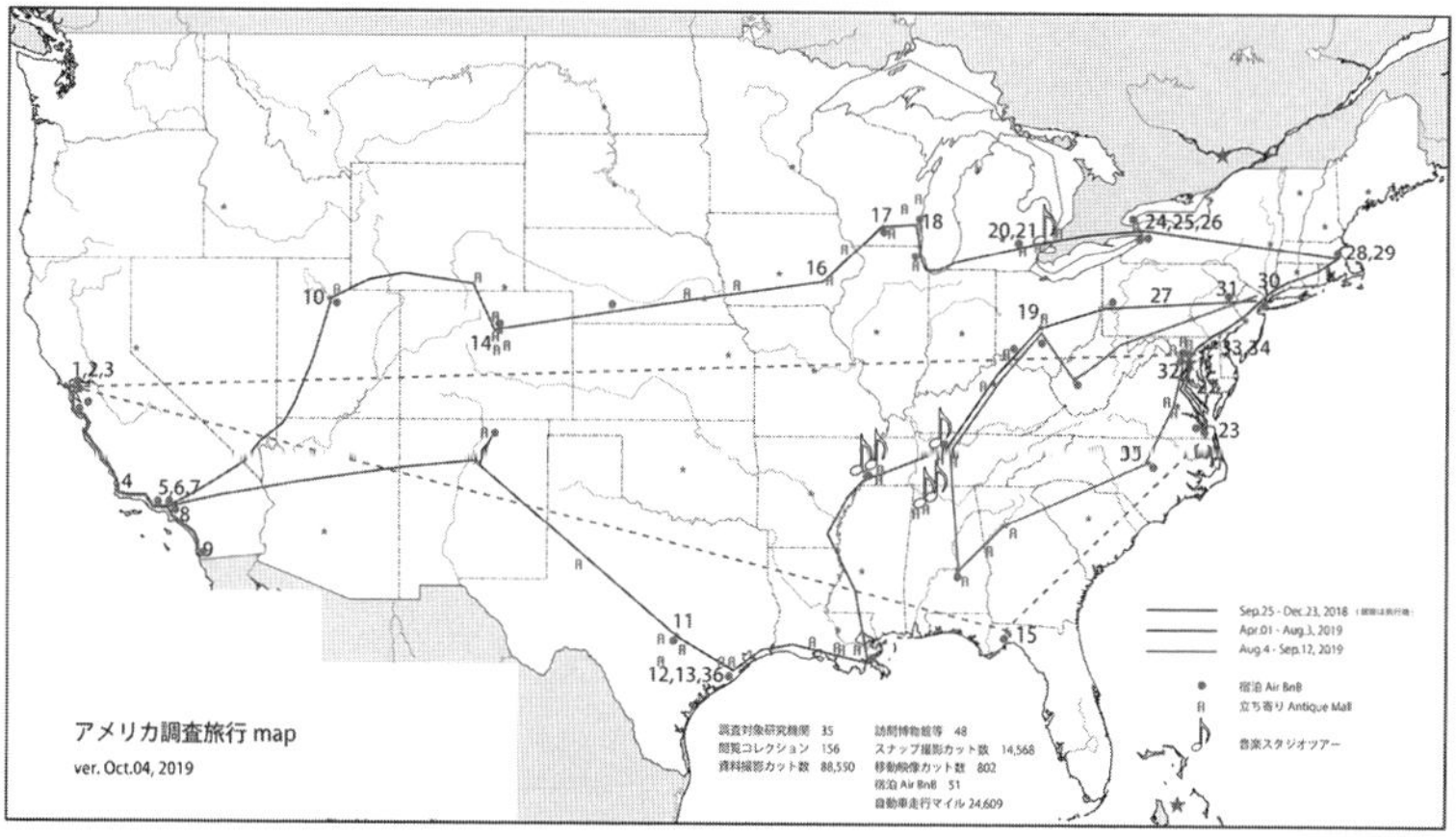

図 1-1　2018-19 年度における全米調査地図。調査対象研究機関 35，閲覧コレクション 156，資料撮影カット数 88,550 である。

ので今なお我々を縛りつけている。

　このような認識から、筆者は包括的に、占領期写真をまとめたアーカイブズ構築を構想している。一つ一つの写真は断片にすぎないが、集合することは、得られる情報をより多くもたらすのである。

一　写真史料の捉え方

　では、断片的記録としての写真史料からどのようにして、より多くの情報を読み取ることができるのか。以下では、アーカイブ構築の基礎となる史料タイプと、写真を読み取る際の基礎となる情報レイヤーについて解説しておきたい。

（1）史料タイプ

　どのような経緯で写真が撮影され、その後どのように扱われてきたのかは、その主体によって異なる。

主体に着目すると、大きく以下の三つに分けることができるだろう。

①オフィシャル写真――軍の各組織による写真であり、陸軍通信隊写真（Signal Photo）を主体に、空襲関係では空軍、空襲被害等に関しては戦略爆撃調査団の史料群といったものがこれにあたる。日本からの調査ではこれまで主にアメリカ国立公文書館（以下、NARA）の所蔵写真が取り扱われてきた。NARA所蔵の写真は、パブリックドメインで利用の際の細かい制限がほとんどないこともあり、現在に至るまで、メディアや研究者の手によってかなり自由に扱われ、紹介されてきた。オフィシャル写真は所蔵されるまでのプロセスの中で、何段階かにおよぶ選定を経ているため、被写体の像があいまいな写真や意図の明確でない写真、技術的に問題が多い写真などは含まれない[3]。

②パーソナル写真――個人レベルで撮影されたものである。米国各地の図書館や史料館に収蔵されているもののほか、ネットオークション等で取引されることもあり、米国の一部の図書館にはオークション経由で入手したというコレクションもある。史料館におけるパーソナルなコレクションにはパーソナル写真のみならず、オフィシャル写真を含んでいる例も多い。さらにパーソナル写真と思われるものには、撮影者が明確にわからない写真も多く含まれている。したがって史料を利用する際の前提が不明なことが多いが、含まれるイメージの種類は多様で、米国人の日本における行動や態度が写真史料から垣間見える。

③プレス写真――報道関係者が撮影した写真であるが、戦時体制下ではプレス写真も検閲をうけており、部分的にはオフィシャル写真と同様に扱われて、パブリックドメインとなっている写真も

なかにはある。プレス写真は、写真イメージ自体が商品となっているため、利用の自由度は低く、公的施設で展示等に使われる、出版物等を通じて紹介されている、といったパターンで目にふれてきた。近年、一部のプレス写真のイメージアーカイブもインターネット上のデータベース等で閲覧可能になっている(4)。商品であるがゆえ、利用の場合は有料となるのが基本である。

(2) 写真の情報レイヤー

都市空間を捉えた資料としての写真は、使うに際しての前提作業として撮影地点と時期を同定する作業が必要である。同定はいくつかの方法を組み合わせて行うが、画像イメージだけを切り取るのではなく、関連情報をも含めて写真そのものを総合的に読み取ることが必要になる(5)。

筆者の考えでは史料としての写真は以下のような複数の情報レイヤーを含むものとして捉えるべきだと考える。

①時空間記録――写真は「その時」の「この場所」を記録したものである。
②行為記録――写真は撮影者が撮影したという行為を記録したものである。
③メディア記録――写真は製品としてのメディアに記録されている。
④経緯記録――写真は撮影されてから現在までの経緯も記録しうる。

断片的に見える個々の写真も②の撮影者(=米軍関係者)の行為が見えてくることで、一つ一つの点が線へと繋がっていく。さらにサンプルが数多く集まることで、行動パターンを知ることができる。

③からは、撮影者の写真製品の入手の背景をさぐることができ、撮影者の社会活動や経済活動を知ることができる。④からはその写真がどのように扱われてきたのかを理解し、写真そのものが生活や業務の中でどのような役割を果たしていたのかが見えてくる。

一つ一つは断片に過ぎないが、サンプルが大きくなれば、複数の写真コレクションの相互比較が可能になり、より多くの情報の読み取りが可能になる。筆者が写真アーカイブズの構築を志す理由はこの点にある。

二　占領期写真をどう体系的に理解するか

占領期写真は何を記録しているのか。これを理解するためには、占領軍の人々が何（what）に目を向け、どのように（how）記録しようとしていたのかを知らなければならない。日本で送る日々の中で、彼らにとって写真、あるいはカメラとはどのような存在だったのか。

ここでとりあげるのはhow、つまり彼らが日本で向けたまなざしについてである。写真は彼らのまなざしの記録でもある。彼らのまなざしを、網羅的、包括的に捉えたいと思う。

以下では写真から、「まなざしの類型」を見出し、それぞれを紹介していく。同時期の日本においてアメリカ人によって撮影された大量かつ出所が異なる写真を整理する一つのささやかな試みである。

（1）オペレーション――米軍の軍事的な活動としての写真、空襲等の調査・検証

日本に駐留したのは連合国軍であり、日本駐在時には、すでに戦闘停止状態ではあったが、彼らの活動のベースは軍務である。そして写真撮影もその一部をなしている。駐留初期に各部隊に随伴して活動を記録したものや、戦中の作戦の効果の検証を行ったものがあげられる。具体的には以下のような写真が撮影されていた。これらは基本的にはオフィシャル写真に見出されるものである。(6)

①空襲前後を比較する――日本空襲にあたっては偵察飛行で撮影された航空写真に基づいて立てられた綿密な計画をもとに行われており、その効果を同様の空撮で記録しているものである。NARAに所在する空軍系のアーカイブに見られる。また空襲に関わった部隊の記念品として前後の比較写真がまとめられたアルバムもある。(7)

②空から偵察する――日本への進駐に先立ち、八月二五日ごろより、軍事作戦として日本上空での偵察飛行が行われ、その際に撮影された写真も多く残されている。進駐に先立つ八月下旬に撮られた写真は特に海軍の艦載機からのものが多い。東京では皇居周辺の空撮写真も数が多い。

③空襲被害を調査する――進駐後に行われた現場での空襲の被害状況調査の写真である。空軍や戦略爆撃調査団によるものが知られている。

④防空体制を調査する――日本側の防空体制がどのようなものであったかの調査で、戦略爆撃調査団による写真が体系的に整理されている。その多くの写真は、同調査団による報告書に掲載されて

いるようである。防空壕や防空迷彩の調査などが含まれる。

⑤武装解除を記録する――日本軍の飛行場や基地等における武装解除の写真もある。上陸直後の写真は海軍のものであり、その後に撮られたものも戦略爆撃調査団や陸軍のアーカイブでも見つけることができる。戦闘機の解体や焼却、高射砲陣地の解体などである。基地内に置き去りになった戦闘機や戦車の写真はのちにパーソナル写真にも多く現れる。

⑥捕虜の解放を記録する――日本各地にあった捕虜収容所へは食料などの物資の投下や救出などが急がれたため、偵察飛行の大きな目的は収容所の位置を特定することであった。投下作戦、救出作戦の際の写真が残されている。これらに同行したカメラマンの写真はプレス写真にも残されている。

(2) サーヴェイ――占領政策遂行のための調査・検証

極東軍やGHQ、あるいは米国からやってきたアカデミックな研究者は、多種多様なサーヴェイ(調査)を行っている。政策立案に即した調査は公的性格を持ち、オフィシャル写真の中に見出されるが、これに携わった人々のパーソナル・コレクションのなかには、調査のオフショット的な写真も見出すことができる。災害の調査などもある。学術的な調査は、関係した学者の個人コレクションの中に含まれることも多い。以下に紹介するのは、触れることのできたものであり、ごく一部にすぎないだろう。

①工場視察――労働政策関係の占領軍関係者は、各地にあった工場を視察している。労働環境や

労働の実態、組合活動などの指導をしていると思われるカットが多い。(8)

②市場視察・鯨漁――オフィシャル写真には、東京・築地市場の写真が見出されるが、水産業関連、食糧事情調査、捕鯨関係など、筆者の知るかぎりでは複数回にわたって撮影されている。鯨漁に関しては、戦後の再開時に捕鯨船に同乗して行われている調査のほか、撮影月日の異なる多様なカットがさまざま見出される。(9)

③地震調査――一九四八年六月の福井地震の写真は、複数のパーソナルなコレクションの中に見出された。建築関係者による被害視察調査と思われるもの、プレス系の報道関係者による写真があった。(10) 一九五二年の十勝沖地震の調査報告写真集(11)なども存在する。

④洪水――一九四七年のカスリーン台風では、オフィシャル写真のほか、救援活動を行った騎兵第一大隊の関係者のパーソナル・コレクション(12)の中にもより多くのカットが含まれている。

⑤学術調査・GHQ関係――GHQに所属した研究者による写真は種々あり、天然資源局に所属した鳥類学者による日本各地での鳥の調査写真(13)のほか、文化財関係の研究者による建築や美術関係の調査写真(14)などを挙げられる。

⑥学術調査・ミシガン大学関係――岡山に日本研究所をもっていたミシガン大学は、組織的な農村調査のほか、月輪古墳の調査、対馬の七学会合同調査に参加した関係者がおり、調査写真(15)がある。

⑦学術調査・住宅調査――一九五〇年、田園調布の接収住宅に居住していた人類学者はその周辺と思われる住宅の外観写真を数多く撮影している。(16)

⑧建設記録――広島県呉の広地区に英連邦軍の住宅地区の建設過程を捉えた写真記録[17]が残されている。

⑨広島・長崎の調査写真――被爆地での調査写真は多様な人々により、撮影されている。公式写真の中には、軍に任命されたカメラマンではない医療関係者が撮影した広島・長崎や東京での調査写真も含まれている。[18]

（3）スナップ1――まちで撮る、まちを撮る

アメリカ人がプライベートで撮ったスナップショットは多岐にわたるため、町でのスナップショット、住居を含め彼らの生活圏内で撮られているもの、そして彼らの旅行中のスナップショットに分けてみていく。

町の中での写真は、ビルの屋上などからの俯瞰写真、焼け跡や瓦礫を捉えた写真が目を引くし、都市空間の記録としても貴重なものが多い。また、ストリートの人々に向けられたまなざしは、日本ならではのヴァナキュラーな光景を捉えたものが目立つ。商店の店頭の風景、ハニー・バケットと呼ばれた肥桶やおんぶ姿、地域の祭りなどである。

①町俯瞰――地形的に高い部分や焼け残ったビルの屋上などから撮影されている写真は、東京のみならず、京都や大阪などでもある一定の割合でコレクションの中に存在している。典型的なのは丸の内のビルの屋上から西側の皇居や国会議事堂方面を撮った写真などである。特に堅牢な建物は接収

されていたケースも多く、占領軍関係者でなければ撮れないアングルのものも少なからずある。

②焼け跡と瓦礫――占領の初期にやってきた関係者の写真には、東京、大阪などでの瓦礫の都市空間の写真も含まれている。意図的に破壊的な風景を撮るケースもあるが、路上での撮影の際に、撮影の場として写り込んでいるものも多い。広島や長崎は、医療関係者等のサーベイ写真とは別に今日で言えば「ダークツーリズム」的な写真も多くのコレクションの中に見出すことができる。また象徴的な場所としては、ドイツ大使館や旧参謀本部なども撮影の場所としてよく見出される。

③ストリートと露店――ストリートでの人物に焦点を合わせたスナップショットも数多いが、路上風景を形作る装置としての露店（闇市も含まれる）はその仮設的な空間性やそこで売られていた土産物などへの注目も含めて、極めて頻繁に視線が注がれる対象であった。ただし、そのような撮影対象となった場所には都市内部の中で地理的な偏りがあるようである。

④店頭風景――ウィンドウショッピングをしながら、盛り場のショーウィンドや店先に並ぶ品々などを撮影した写真も彼らのまなざしの向けられた先の一つとして興味深い。銀座や浅草などの盛り場のみならず、自分の生活領域の近隣にあった商店などの写真もある。のちにみる旅先でも土産物屋や干物を売るような魚屋などの店頭風景の写真も多く、買い物する人々、そこで売られている物へまなざしが注がれている。

⑤ハニー・バケット（肥桶）――スナップショットの被写体で大変よく見かけるものの一つである。路上で運ばれている光景が多いが、畑で使われている光景も見られる。都市空間では、シャッターが

切られるトリガーとして、匂いという要素もあったのだろうか。
⑥おんぶ——大人が子供をおんぶしている姿と同等に、兄弟姉妹と思われる子供同士のおんぶ姿も頻繁に目にする写真の一つである。
⑦紙芝居——路上で子供たちが人だかりを作っている紙芝居も、各地で撮られている。子供に焦点があっているのか、紙芝居屋なのか、遠目から撮るか、子供たちに近づいていて撮っているのかなど撮影者や写真によって距離感が異なる点も興味深い。
⑧お祭り——各地のお祭りの写真も多く、当該の地域コミュニティにとっては、貴重な資料となりうるものも少なくない。
⑨ヤマガラのおみくじ——神社や寺の境内などでの売られていたヤマガラのおみくじは、そのパフォーマンス性からか、比較的よく写されている被写体である。

(4) スナップ2——占領軍の生活圏記録

占領軍関係者の住まいや業務の場は、通常の日本人は入ることができない領域であった。その実態は日本人に知らされていなかったことも多い。一九五二年の占領終結後、米軍の接収地やその周辺にカメラを向けた日本人の写真家は数多かったが、占領軍関係者自身によるスナップショットは、日本の中の「別の国」があるという現実を写し出した記録にもなっている。
①基地——基地や接収地内での業務の写真は、オフィシャル写真のみならず、パーソナル写真の

中にも多い。実際の業務や基地内の施設の様子、あるいは社会活動などの様子をうかがい知ることができる。

②接収建物――特に都心部にあった接収建物は、重要なものであれば、公的なもの、私的なものを問わず、おびただしい数の写真が撮られている。都心部の接収建物は、その部屋を使用していた部隊・部局や働いている人々によって内部の写真も残されている場合が多い。

③接収住宅――戦前の邸宅を接収し、占領軍関係者が居住した住宅は多数あったが、その多くは占領軍の高官や将校が居住した。職業的にもあるいは階級的にも、日常からカメラを向けている人も多く、彼らの暮らしぶりはもちろん、家族や使用人との写真も含め、多様なバリエーションの記録が残されている。

④DH――東京代々木のワシントン・ハイツに代表されるように、占領軍および家族向けに建てられた専用住宅をDependents Housing（DH）と呼んだ。DH地区は基地の中でも、軍事機能と分けられていた場合が多い。また彼らが持ち込もうとしたアメリカ式の生活様式が、日本という環境の中でどう変化していたのか、あるいは日本的な文化をどのように受け止めていたのかを読み取ることもできるだろう。

⑤関連施設――このほか、レクリエーション施設や港湾、飛行場、通信施設などは、施設紹介や要人取材などの公的な写真も多く撮られているが、それればかりではない。家族の写真の中にはレクリエーション施設の写真を多く見つけることができる。

（5）スナップ3――旅とカメラ

彼ら彼女らは列車や自動車を使って、日本各地に旅をした。東京在住者のパーソナル写真には、鎌倉、日光の写真が必ず含まれているといっていい。ミキモトの真珠の養殖場のあった鳥羽、京都、さらには広島や長崎の写真も多く見つかる。そうした観光地での写真のみならず、移動中の列車や自動車から撮られた写真が多いことも、彼らの写真行為を特徴付けている。また旅の写真と隣り合わせで、観光絵はがきもよく見出される。アルバムの中に自分のまなざしによる写真と絵はがきが同居している例も多い。

①列車から／自動車から――通りすがりの異国の風景を列車や自動車から撮る写真は数多い。こうしたシャッターの切り方は、一枚や二枚ではすまず、連続して撮影する場合が多いので、その動線を線的につなげて撮影場所を同定することが可能な場合がある。また、東海道線からよく撮られるランドマークとして、大船観音がある。

②鎌倉大仏――鎌倉の大仏は、最も多くの写真が確認できる国内の観光写真ではないかと思われる。

③日光――日光は東照宮を中心に、杉並木や神橋など、そこに至る道のりの写真も多い。

④京都・奈良――京都や奈良は、ツアーなども多くあったことから、撮影された場所は京都だと、平安神宮、清水寺、東本願寺、二条城など、奈良は東大寺、猿沢池、奈良公園など、いわゆる定番スポットが多いが、それ以外の寺社が撮影されている場合もなくはない。また京都は清水焼や漆塗りな

どの工芸品の工房へのツアーの写真が一定数ある。

⑤ミキモト真珠島――鳥羽にあるミキモトの真珠島への見学ツアーの写真も頻繁に現れる。ホスト役としての御木本幸吉が剽軽な姿で占領軍関係者との記念写真に収まっている写真もたびたび見出される。

⑥鴨猟――宮内庁の招待で行われていた鴨場での接待写真である。軍の高官が招かれるケースが多いが、GHQ内の職場でのツアーを行っていた記録もある。鴨猟のあとの宴席の写真もある。

⑦広島・長崎――広島や長崎での写真も見出されるが、両都市とも爆心地周辺の当時の様子がわかり、観光地的な場所となっていた様子もうかがわれる。

(6)コミュニケーションツール――日本人との距離

カメラを介して、日本人たちとその場でコミュニケーションしている写真も数多い。仕事上各地で出会った人々との集合写真や親密な関係をうかがわせる女性たちのポートレート写真もあるが、中でも目をひくのは、路上で出会ったばかりであろう子供たちとの写真である。また、祭りや初詣などの催しの間、カメラを介してさまざまなコミュニケーションをしている写真もある。

①日本人との集合写真――GHQの各部署には日本人の雇用者も多く、とくにパーソナル・コレクションの中には、彼ら彼女らとの集合写真も見出すことができる。また、日本各地への出張の写真の中には、現地での受け入れ組織の人々との集合写真や宴席の写真なども典型的なものである。

②女性との親密な写真――パーソナル写真の中に多く見受けられるタイプの一つに、日本人女性との写真がある。女性のポートレートやアメリカ人男性と二人で写っているものなど、親密な距離感が感じられるものが多い。

③子供たちとの写真――子供たちの表情が生き生きとしたものが多く、異国人と対面して緊張感を漂わせるもの、親密な表情で近づこうとするもの（彼らがもっているお菓子を目当てにしているのだろう）、大勢で取り囲んで興味深げに彼らの行動や持ち物を観察するものなど、写真から感じられる距離感は多様である。

④近隣の人々などとの写真――接収住宅等に日本人が招かれたり、日本人の住居に招かれるなどして、近隣の人々や仕事上の付き合いのある人と、プライベート空間でともに写っている写真もある。

（7）パブリック・インフォメーション・カメラ

前項で挙げた写真とは別に、同様の対象を占領軍（あるいは米軍）がプロモーション目的で撮ったオフィシャル写真の方が、一般にはよく知られている。広報目的であることから、スクリーニング（選定）を経ており、画の質が安定している。写真の内容は、占領軍が伝えたかったイメージが写し出されているから、その多くは今日的には陳腐に見えるものが多い。これらの写真がよく知られている理由は、オフィシャル写真であるゆえに、公開され、利用しやすいからである。一度使われた写真は、調達が容易であり、繰り返し使われる傾向が強い。

パーソナル・コレクションに見出すような米兵と日本人女性との親密な写真は、パブリック・インフォメーション写真にはない。日本人女性と同じフレーム内には、規律正しいアメリカ兵の姿だけである。

(8) ルポルタージュ――都市社会をレポートする

堂々と、あるいはやや影に隠れて、日本人とその集団を観察するまなざしもあった。その主は、画家やライターで、観察のまなざしは、仕事と関わりがあったようである。そのまなざしは、祈りの場、孤児院、プラカードを持ったデモ行進などに注がれ、人々の姿を追うように連続的に撮られていた。その写真は雑誌記事や絵のモチーフになった。人々の暮らしのヴィジュアル・ドキュメントとしても秀逸である。

①浦上野外ミサ――長崎を訪れた画家は、廃墟となった浦上天主堂で行われている野外ミサを撮影している[19](図1-2)。

②浅草寺――焼け落ちた本堂の代わりに移設された仮本堂にお参りに来る人々を、正面斜めから捉えた写真である(図1-3)。おそらく賽銭箱の裏にかくれていたのだろう[20]。

③孤児院――世田谷区にあった孤児院に対し、自ら支援を行っていたライターによる写真[21]。繰り返し訪問し、キャンプなどにも一緒に行って、孤児たちの様子が記録されている。

④デモの観察――占領期に皇居前などでたびたび行われた大規模なデモ行進では、たとえば労働

図 1-2　浦上天主堂, 1945 年または 46 年の初頭, Ted Gilien Photographs of postwar Japan and the Philippines, ca. 1945-1946（カリフォルニア大学ロスアンジェルス校チャールズ・E・ヤング図書館所蔵）より

図 1-3　浅草寺仮本堂, 1949 年ごろ, Kenneth Kantor papers（スタンフォード大学フーバー研究所図書館所蔵）より

図 1-4　有楽町ガード下, 1945 年または 46 年の初頭, Ted Gilien Photographs of postwar Japan and the Philippines, ca. 1945-1946（カリフォルニア大学ロスアンジェルス校チャールズ・E・ヤング図書館所蔵）より

図 1-5　御茶ノ水聖橋上で凧揚げをする子供達，1948 年 1 月，Mead Smith Karras papers（メリーランド大学ホーンベイク図書館プランゲ文庫所蔵）より

図 1-6　三十間堀川の河岸に瓦礫を積み上げている光景, 1945 年または 46 年の初頭, Ted Gilien Photographs of postwar Japan and the Philippines, ca. 1945-1946（カリフォルニア大学ロスアンジェルス校チャールズ・E・ヤング図書館所蔵）より

問題の専門家によって、さまざまなプラカードやそれを持った人々の様子を撮った写真が、大量に撮影されていた[22]。

⑤ガード下の人々――有楽町駅のガード下での、画家による定点撮影[23]。二つの鉄道橋の隙間から注ぐ日差しが顔に当たる瞬間を撮影している（図1-4）。

⑥初詣――神田明神やその周辺の一九四八年お正月の様子を撮影したもの[24]。焼け落ちた境内での人々の様子、走り回る子供たちなど、神社周辺の場の観察記録となっている（図1-5）。

⑦瓦礫の処理――銀座や霞が関周辺での瓦礫の処理を観察し、連続的に撮影している写真[25]。何回かに分けて撮影されているが、当時の都市空間の実態を知る上でも貴重な記録だといえる（図1-6）。

三 占領期写真と都市空間

（1）写真を読む、とは

地域史料として「写真を読む」ことの基本は、撮影が、①いつ、どこで、②どのように行われたのかを考え、その正解を探ることである。それは、撮影された「時空間」を確定させ、カメラを手にしていた撮影者のその場所や時の中での「行為」を読むことである。

考えられる手を尽くして、写真の場所を判別させると、その蓄積から、①写真データベース、②撮影地点図といったものをつくりうる。さらに撮影者の行為をなぞれば、活動を地理的に読むことができる。そのためのフィールドワークにより同じ場所で同じように撮影を行うことで、③新旧比較写真ノートができていく。

本シンポジウムのテーマにも掲げられている「占領期の都市空間」と写真との関わりを考えると、以下の通りである。①写真を時空間記録として捉える場合、占領期の「写された都市空間」を復元的に考えるための史料となる。しかし、②都市空間は、行為の場でもあるから、行為記録として写真を読めば、自ずと「生きられた都市空間」が立ち上がってくるはずである。

(2) ヴァナキュラー写真への注目

占領下の日本にいたアメリカ人たちにとって写真とは何だったのだろうか。この漠然とした問いへの答えを考えるには、写真に何が写っているのか、という問いにフレーミングするばかりでなく、むしろ撮影行為とはどのようなものだったのか、あるいは、写真はその後どのように扱われてきたか、という問いも重要だろう。

現在ならば、撮った後にすぐにスマホやデジカメから消してしまう類のブレたりボケたりしているいわゆる「失敗写真」をパーソナル・コレクションの中に見出すことがある。失敗写真は彼らにとっての撮影行為がどのようなものであったのかを考えさせてくれる。さらにセルフポートレート、つまり私を私が撮ることや、撮影している姿の写真からも考えてみたい。写真論の分野ではヴァナキュラー写真と呼ばれる写真へのアプローチである。[26]

写真を読む作業を経て、都市空間における多様な写真のあり方を捉えることとは、占領期の都市空間の多様なあり方へと思考を自然にもたらす。以下はそうした切り口から指摘できることと、考えられうる今後の課題を書き出したものである。

①写真の容れ物——撮影後の写真の扱われ方からもその一端を知ることができる。ボックスや封筒に入ったままの写真なのか、一枚一枚アルバムに貼られているものなのか（図1-7）。カラースライドの場合、保管していた環境がよく、ほとんど変化のないものもあれば、著しく変質してしまっている例もある。

②アルバムの表紙——どのようなアルバムに写真は貼られていたのか（図1-8）。そのアルバムはどのような経緯で入手してどのように保管されていたのか、写真は何と一緒に保管されていたのか。

③絵葉書類——観光写真と絵葉書が一緒にアルバム等で保存されている例も多くある（図1-9）。多くの絵葉書はカラー印刷であり、モノクロ写真とは違う色のついたメディアとして、イメージを供給し、それらがアルバムに収まったということだろう。

④ブレやボケ——撮影行為を考える上では、ブレている写真やピントがボケている写真は興味深い。ピントから露出まで全てマニュアルで設定するカメラの操作の失敗に気づかなかった場合のみならず、とっさの出来事に設定を忘れて撮影をしたということもあっただろう。ブレやボケの写真は、撮影者がどのように撮影行為を行っていたのかという問いに対しては、一考の余地のある素材である。

⑤セルフポートレート——一例をあげると、病院に勤務していた医療器具のメンテナンス技師は、

図 1-7　写真保管状態の一例，Shannon McCune Papers（南カリフォルニア大学東アジア図書館所蔵）より

図 1-8　日本土産として作られていたアルバム，Japan - Okinawa Photograph Album, 1952-1953（カリフォルニア大学サンタバーバラ校デヴィッドソン図書館所蔵）より

図 1-9　絵葉書帳，Fred C. Wurtz photograph collection（米国陸軍ヘリテージ＆教育センター所蔵）より

レントゲン機械など、さまざまな器具を操作したり、診療を受けているような設定で、セルフポートレートを大量に撮影している[27]。この例は、米国に残してきた家族に送るために撮られたものではないかと推測されるが、同様にタイマーなどを使って撮られたセルフポートレートはどのような目的で撮られていたのだろうか。

(3) 記憶の継承のための試み

記憶の継承のためには、扱いやすい形式で、かつ史料が多くあることが望ましい。また記憶の継承は、写真の保存のあり方や公開のされ方(以上を経緯と呼ぶ)に多くを負っている。写真がどう扱われてきたのか、そして、写真が残されてきた経緯についても正確に伝達していく必要がある。筆者がささやかながら行っているのは、写真が撮影された場所で写真を見せながら調査を行うことである。その様子を映像で撮影しつつ、短い映像にまとめていくこともある[28]。

冒頭で示した通り、占領期の都市空間に関する史料の少なさをどのようにカバーしていくのかが筆者の問いである。それを実践する場は写真が撮られたそれぞれの場所であり、時である。筆者の史料調査は、それ自体が目的なのではなく、デジタル化された写真を「里帰り」させて、地域資源として生かしていく「社会デザイン」的実践へと向かうべきだと考えている。

註

（1）二〇一八年から一九年にかけて、米国各地の図書館や史料館三五カ所で調査し、デジタル複写形式で約九万カットの撮影をしてきた。

（2）筆者は、別稿にて一九七〇年代以降に紹介されてきた経過をまとめている。佐藤洋一「写真の里帰り――米国所在の戦後日本の写真を地域へ還元するプロセスとその課題」『デジタルアーカイブ学会誌』二〇二〇年、四巻二号、一二〇―一二三頁。

（3）拙稿にてスクリーニングなどの過程もふまえて、オフィシャル写真形成の一端を明らかにしている。佐藤洋一「極東軍司令部文書からみたオフィシャル写真の形成――一九五一―五二年を対象として」『インテリジェンス』二〇号、二〇世紀メディア研究所編集、八六―一〇〇頁。

（4）例えば『LIFE』誌のフォトアーカイブは現在Googleによって提供されている。http://images.google.com/hosted/life

（5）写真同定作業に関しては、以下を参照。佐藤洋一「古写真の空間的視点――撮影位置同定について」〈GIS day in 関西　2019/3/14〉。配布資料は https://researchmap.jp/read0206467/presentations/24600911

（6）オペレーションの項で説明している初期の軍事活動を中心とした米軍のオフィシャル写真は、拙著でまとめて紹介している。佐藤洋一『米軍が見た東京　1945 秋』洋泉社、二〇一五年。

（7）20th Air Force operations [Aerial views of areas bombed in Japan, Formosa, Burma, Thailand, Singapore and China. 1945] Vol.1 & 2.（米国議会図書館所蔵）

（8）たとえば Mead Smith Karras papers 所収の写真（メリーランド大学ホーンベイク図書館プランゲ文庫所蔵）

（9）Hubert Gregory Schenck papers 所収の写真（スタンフォード大学フーバー研究所図書館所蔵）

（10）前者は Hiroshima Photograph Album, latter 1940s（カリフォルニア大学サンタバーバラ校デヴィッドソン図書館所蔵）、後者は Carl Mydans Photography Collection（スタンフォード大学グリーン図書館）所収の写真。

（11）Tokachi Offshore Earthquake photograph album, 1952.（カリフォルニア大学サンタバーバラ校デヴィッドソン図書

館所蔵）
（12）A. Laflamme photograph collection 所収のアルバム（米国陸軍ヘリテージ&教育センター所蔵）
（13）Oliver Austin Jr. photo collection.（フロリダ州立大学第二次世界大戦と人々の記憶に関する研究所所蔵）
（14）Lennox and Catherine Tierney Photograph Collection.（ユタ大学マリオット図書館所蔵）
（15）Richard K. Beardsley photograph series.（ミシガン大学ベントレー歴史図書館所蔵）
（16）John W. Bennett Collection.（オハイオ州立大学トンプソン図書館貴重書室所蔵）
（17）前出註10の Hiroshima Photograph Album, latter 1940s.（カリフォルニア大学サンタバーバラ校デヴィッドソン図書館所蔵）
（18）陸軍のオフィシャル写真の中に、撮影者として Dr.Henshaw がクレジットされている一群の写真があるが（一九四六年一二月のもの）、これは放射線学者・生物物理学者の Paul Henshaw のことである。
（19）Ted Gillen Photographs of postwar Japan and the Philippines, ca. 1945-1946.（カリフォルニア大学ロサンジェルス校チャールズ・E・ヤング図書館所蔵）
（20）Kenneth Kantor papers.（スタンフォード大学フーバー研究所図書館所蔵）
（21）註20に同じ。
（22）Mead Smith Karras papers.（メリーランド大学ホーンベイク図書館プランゲ文庫所蔵）
（23）註19に同じ。
（24）註22に同じ。
（25）註19に同じ。
（26）ヴァナキュラー写真とは、アート系の写真、報道系の写真からのみ写真史を語ることへの批判として近年、一般的になってきた概念である。写真史のメインストリームには登場していない一般の人々による日常のスナップショットなどがそこには含まれる。
（27）Robert P. Schuster Photographs.（メリーランド大学ホーンベイク図書館プランゲ文庫所蔵）
（28）例えば、この動画は写真の中に写された自分の父親についてのインタビューである。制作・佐藤洋一。"*Interview*

of Tsukiji Torito chicken shop ” https://www.youtube.com/watch?v=OgRRleFmuGk

＊　掲載写真の撮影場所の同定に関して、石榑督和氏、衣川太一氏にご協力いただきました。記して感謝申し上げます。

占領期都市空間研究のためのアーカイブズ

福島幸宏

「占領期都市空間研究のためのアーカイブズ」と題しましたのは、これまでのアーカイブズ研究というものを踏まえて、占領期都市空間研究に欠かせない資料が一体どのような問題を抱えているのか、ということをお話しするのが本日の私の役目だろうと思ったからでございます。そのために、まずは簡単な自己紹介と、いわばアーカイブズ概論のようなお話から始めて、占領期都市空間研究と具体的に関わるアーカイブズの状況を披露し、今後求められるべきデジタルアーカイブの姿を提起しつつ、記憶の継承の問題へ私なりに絡めてみたいと思います。

はじめに

ごく簡単に自己紹介から。大学院を出たあと、この三月まで京都府で一四年間公務員をやっておりました。院生時代は日本近現代史を学び、自治体史の編纂にいくつか携わっていました。自治体史というのは、地方自治体がその地域の歴史を記述するもので、現在では確実な資料に依拠しようと研究者に依頼する場合がほとんどです。そのため、編纂された自治体史は、その地域のことを調べる際の基礎的な資料となります。兵庫県の小野市史で第一次世界大戦の捕虜のことを担当するなど、関西のいくつかの自治体史で二〇世紀初頭から戦時期についての執筆を担当しました。その後、京都府立総合資料館の職員となり、公文書の管理・運営を担当していました。ちなみに、日本は公文書の扱いに関して非常に遅れています。この点は後ほど触れたいと思います。一〇年勤めたあと、京都府立図書館に移りました。この京都府時代に、京都の戦時期・占領期研究をやっている研究者たちとともに、戦時期や戦後の行政文書を公開したことがあります。当時は資料の提供者としてかかわっていました。このような院生時代からの経験が本日の報告と関係してくると存じます。

参考までに二〇一〇年当時の『朝日新聞』の記事を持ってきました（図2-1）。京都府で新たな資料が見つかった、という記事ですが、見つかったもなにも、実は二、三〇年前から資料館の目録に収録されていた文書です。目録に載ってはいたものの、それまでは注目も集めずアクセスすることが難

新聞　2010年（平成22年）3月23日　火曜日　14版　社会　34

進駐軍 悩む民の訴え

突然の暴行「死を待つほかなく困っている」

1949〜53年の18冊

京都の資料館、初公開

戦後、京都府内で進駐軍が起こした事件・事故で被害を受けた市民に対し、府が見舞金を支払った際の文書などが府立総合資料館（京都市左京区）で見つかった。進駐軍とのトラブルなどが生々しく記録されており、専門家は「戦争や占領というものをリアルに伝える貴重な資料だ」と指摘している。（小林准）

沖縄基地問題 考える材料に

図 2-1　「進駐軍　悩む民の訴え」
（『朝日新聞』2010 年 3 月 23 日朝刊）

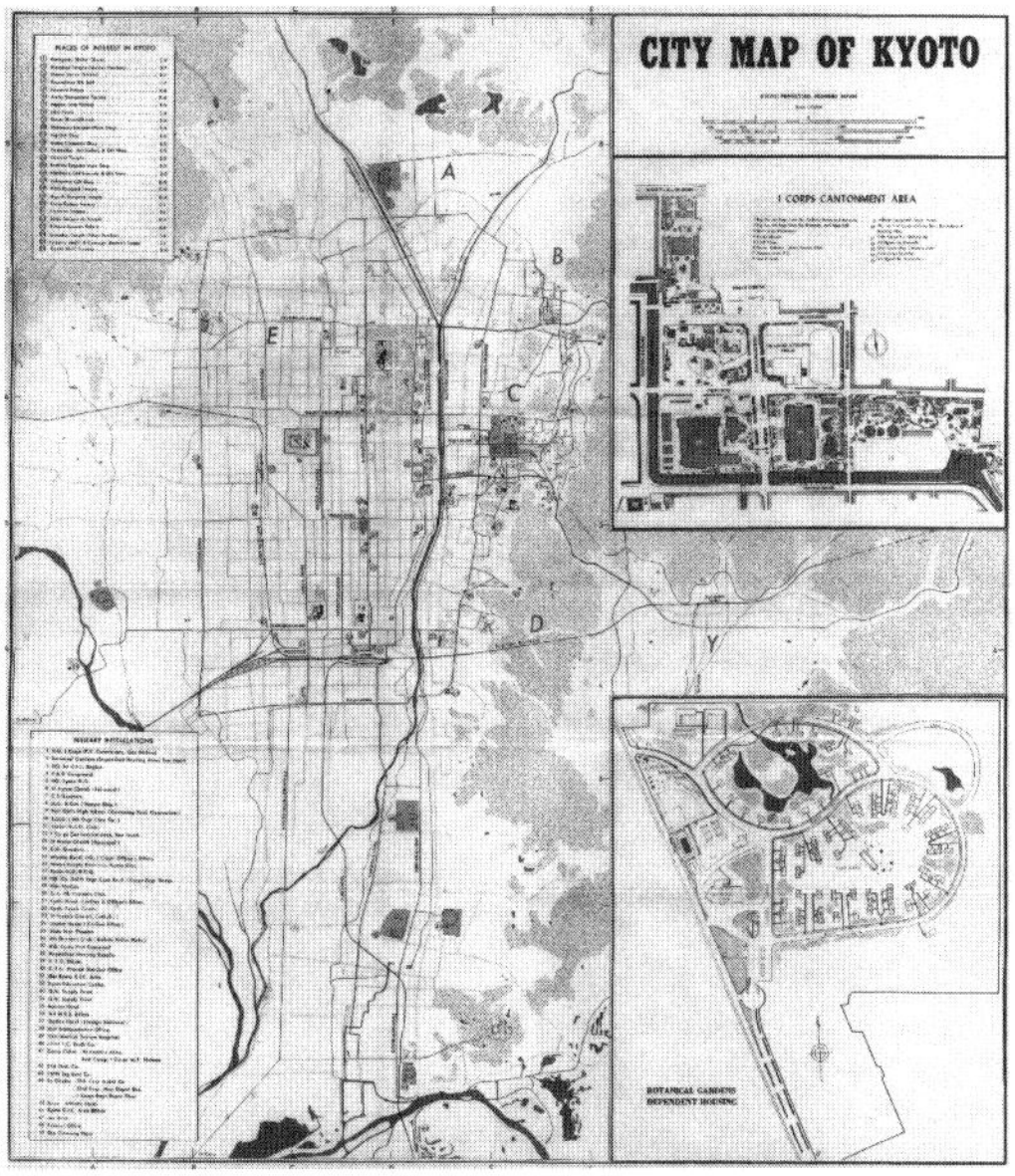

図 2-2　CITY MAP OF KYOTO（1949）

しかった公文書です。というのも、この文書は「進駐軍事故見舞金支出負担行為書」といって、進駐軍によって被害を受けた方に日本政府が見舞金を支払う際、それを代行していた京都府によって作成されたものです。占領期、とくにその初期は進駐軍と日本人とのあいだで事故や事件が多発しました。京都の街中でジープやトラックを飛ばしていましたから、家屋に突っ込んだり、人を轢いたりすることがあったわけです。そのほかにも、酒に酔っ払った軍人に殴られたり、子供同士の喧嘩で日本人の子供が死んでしまったりすることもありました。少し前まで沖縄でもそうでしたが、こうした事故や事件があっても、米軍に文句を言ったところで犯人も明らかにされないのが普通です。そうすると賠償も行われない。その代わりとして、日本政府が見舞金を渡したということです。その際、支出の根拠としてどのような事故や事件が発生して、どのような被害があったかを記録する必要がありました。そのため、この資料から遡って占領期の具体的な状況の一端が分かるという話です。ただ、個人にお金を支払うための調書ですから、どういうふうに個人情報を伏せて公開するかということを運営側のみならず、利用者である西川祐子さんと一緒に考えました（西川二〇一七）。この類の文書は京都府にかぎらず、本来はどの都道府県にもあるはずですが、所蔵状況などについて細かに調べるには至っていません。

そのほか、京都の占領期研究ではおなじみとなった「CITY MAP OF KYOTO」（図２-２）も管理していました。これは占領軍が、占領軍向けに作成した京都の地図で、ところどころ赤く塗られた地域が占領された箇所です。植物園には新しい占領軍住宅が建ち、岡崎周辺と南禅寺は従来からの邸宅が占領軍に接収され、一大集住地となっています。河原町通り沿いは占領軍関連施設が集中し、南のほう、深草や伏見の旧陸軍の土地は接収されました。当時の京都の様子が一望できる地図です。

このような資料の提供を主な仕事としていた経験から、今日は三つの問いを立ててみたいと思います。(一)占領期都市空間研究のために必要な情報は何か、(二)そのための適切なアーカイブズ／デジタルアーカイブとはどのようなものか、(三)さらに研究の成果があらたなアーカイブズを形成する構造をどう作るか。こうした問いを立ててみると、占領期資料の多様さや把握にともなう困難、アクセスの難しさといった課題が明らかになってきます。さらには、前提となる占領期をどう捉えるのか、都市空間をどう考えるのか、といったことも含めて考えざるを得ません。

先取りして言ってしまえば、占領期の研究者、あるいは広い意味で歴史や社会を研究する人、資料を管理・運用する人、そして今日ここにいらしたみなさんをはじめ一般の方々を、切り離して考えるのではなく、互いが交通するような状態というものを想定してみたいと思っています。普通、聞き手や参加者の属性に分けて説明を試みようとします。私であれば、図書館や博物館関係の人間、あるいはそれを目指す学生に向けて話すことが多いので、ここで言えば運用者向けに説明しているということになります。ただ今日は、あえて属性の区別を無視して話してみようと思っています。というのも、結局のところ、お互いの事情を知る必要があるからです。このことは、人口七千万もある国際連盟の理事国のひとつでもあった国が、足掛け七年にもわたって占領されるという特殊な経験を、いまの世の中でどう考え、次の世代にどのように継承するかということとつながっているように思います。

一　占領期都市空間研究のための情報

（1）公文書

国の機関が作成した当時の資料は、実は残っていないものがいくつもあるのですが、現存しているものについては以前にくらべ検索性が高まってきました。インターネットを介して、国立公文書館だったり、外交史料館だったり、防衛研究所だったりと、国が運営している代表的なアーカイブズ機関に個人がアクセスすることは可能ですし、これらを横断的に検索することもできるようになりました。

また一五年から二〇年ほど前から盛んになりましたが、各省庁や役所がそれぞれ資料館を開いて、公開するようになりました。たとえば、厚生労働省が設置したしょうけい館（戦傷病者史料館）や昭和館、総務省が管轄する平和祈念展示史料館などが挙げられますが、面白いというべきか、当然のように各省庁の縦割りで管理・運営されています。それぞれが管理している資料をそれぞれが資料館を開いて公開することにも一理ありますが、その使い勝手などには、やや難があるようにも思われます。

さらに問題なのは、原課が資料を抱え込んでしまうという点にあります。原課というのは、実際にその資料を収集・作成して仕事している部署のことですが、古い資料がずっと未整理のままになってしまい、たとえばインターネット上にある目録に載っていないだとか、訪ねていってもすぐには見せてもらえないだとか、簡単にはアクセスできない状態になってしまう傾向があります。その場合、情報公開制度に則って開示請求を行わなければなりません。特に占領期の研究においては、こうした手法が未だに有効です。

さらに自治体にいたっては、公文書を歴史的な資料として公開する仕組みやそれを預かってアーカイブする仕組みがほとんど整っていません。兵庫県は一応アーカイブズ機関をもっていますが、かなり小規模で、人員も不足しています。神戸市にも神戸市文書館がありますが、やはり職員の数が足りないのでどうしても手が回らない部分が出てきています。そもそも、紙の資料を別途保管しておく場所すらない自治体が全国には少なくなく、ますます原課が抱え込んでしまう要因となっています。図書館や博物館が管理する資料もありますが、目録が公開されていないことも多く、研究者がそこに行って目録を作成している場合もあるのが実情です。特に戦時期の資料は全国的に手つかずのままです。市町村レベルの自治体では、手探りもいいところで、自治体史にしても現代までカバーされていないものがまだまだ多く、戦争の終結すらきちんと記されていないものさえあります。すでに戦後から七〇年以上を数え、かなり時間が経っていますから、この問題は深刻です。

こうした公文書管理の問題によって、いわば資料の「意図せぬ秘匿」が頻発しています。そのことを明らかにした一例として、中村江里『戦争とトラウマ』（中村二〇一七）を挙げることができます。戦時期のトラウマを題材にした研究で、若くして戦地へ行かされ、殺すか殺されるかの体験を経た人たちのなかには、その心的ストレスのあまり、戦後の社会に復帰することができず、精神病院でその後の人生を過ごした人もいました。こうしたケースがこの研究によって可視化されたわけですが、中村さんが用いた資料は援護資料や兵籍簿、戦傷病者資料といった文書です。ここでいう援護とは、戦争によって亡くなった方やその遺族、あるいは怪我を負った人のケアを指す行政用語で、各都道府県には援護事業を担当する援護課が設けられています。この援護課というのは特殊な課で、元々は旧陸軍省や海軍省の軍人などが自治体の職員として一括して採用された部署になります。そのためか閉鎖的なところが以前はあり、援護関係の書類というのはなかなか表には出てきません。実はこの類の具体的記述がある資料は国よりも都道府県のほうに多く残っています。軍人恩給の実務を担当する原課にあるわけです。だから研究しようと思ったら、厚生省が管理している資料と各都道府県が管理している資料の両方を見る必要が出てきますが、残念ながら、どちらの資料も閲覧することが難しいです。こうした文書の「意図せぬ秘匿」によって、明らかにすべきものも明らかにならない恐れがあります。

その一方で、未整理のなかから偶然見つかった資料のほうが、実は研究を進めやすいとも言えます。公文書館や図書館、博物館といったアーカイブズ機関で、資料がきちんと管理・運用されていると、冒頭で紹介した新聞記事になった件でもそうであったように、個人情報の扱いに慎重を期す必要があり、公開や複写の扱いに管理側が頭を悩ます場合があります。とくに戦時期の資料や戦後の都市に関する資料は個人情報だらけで、ご存命の方や、その父母や親戚の情報が記載されていますから、管理・運用も難しく、資料として研究者に提供しにくい面があります。そのため、資料の所在が確認できないと研究を始められない前提がありながらも、きちんと管理されているよりも、倉庫の奥にある段ボールのどれかに眠っている資料のほうが研究しやすい、という逆説的な状況が生まれています。

国外に目を向けますと、連合軍最高司令官総司令部のGHQ／SCAP文書がやはり圧倒的です。今も昔も占領期研究といえば、まずあたってみるべき資料です。アメリカ国立公文書館（NARA）はそうした資料をきちんと集めていて、かつアクセスしやすいです。日本関係の資料は特に国立国会図書館が委託して資料を収集しており、国会図書館で見ることができる資料も多いです。また、以前沖縄県はアメリカに職員を派遣して、NARAにある沖縄統治に関する資料の収集を一〇年ほど続けていました。当時の担当者であった仲本和彦さんは、その経験をもとに『研究者のためのアメリカ国立公文書徹底ガイド』（仲本二〇〇八）という本を書いています。非常に参考となる本です。

近年はその他の国のアーカイブズ機関へ注目が集まっています。加藤聖文さんが取り上げたように（加藤二〇〇九）、ソ連からロシアへと体制が変わるにしたがって公開された資料のなかに、敗戦時や占領期の状況をソ連側から見た資料が大量に含まれています。この、ロシアのアルヒーフへの注目は、一橋大学におられた加藤哲郎さんが先鞭をつけられたもので、以来ソ連関係の資料への関心が高まっています。また本日の佐藤さんの報告にもあるように、アメリカにある資料にしても、国立機関のみならず、地方や軍事基地内へのアーカイブズへ調査の範囲が広がっています。

公文書については、今後も新たな資料が随時出てくることが期待されますが、とはいえ史料批判（テキストクリティーク）が欠かせません。公文書だから信用していいということではありません。むしろ、より批判的に検討する必要があります。一例を挙げると、アメリカ軍の進駐がはじまる八月末、大阪にあった中部軍司令部から管下の各府県に向けて、進駐軍に提出するための統計資料の作成が通達されます。この通達は実は二通出されていて、一通は記載すべき項目や提出期限などが書いてあり、もう一通はなるべく情報をアメリカ軍に渡さないように情報を操作せよ、なおこの通達自体も隠滅するように、などと細かな指示が書いてありました。この資料が京都府には残っていて、確認することができました。実際に二重に統計を作成していたようですが、一九四五年末に作られた統計を見ると正しい数字に戻っていますので、偽装が発覚したか、偽装を続けるのをあきらめたのだと思われます。このように、公文書だからといってその内容をそのまま信頼してはいけないわけです。

(2) 私文書

次に私文書について見ていきたいと思います。政治家の私文書というのはかなり重要な資料で、政治過程研究など従来からさまざまな形で利用されていますが、大半は個人所蔵となります。もちろん国会図書館の憲政資料室が収集に努めてきましたし、国立公文書館の新館が国会議事堂の前に建設される予定です。ただ、中央の政治家・官僚については研究者が多いのでまだしもですが、地方政治の重要人物については資料の把握が遅れています。たとえば、京都府知事を占領期から一九七〇年代まで二八年間、七期も務めた蜷川虎三という人物がいます。府知事になる前は、京都帝国大学教授、中小企業庁長官も務め、後半の知事選では社共連合の支持のもと自民党候補をことごとく退けもした、戦後政治史上非常に重要な人物ですが、彼の私文書の所在がはっきりとはわかっていません。私も調査を試みたことがありますが、おそらくご遺族の手元にあるのでしょう。このような事例は地方ではよくあります。

また、大学が所蔵している資料は実はかなりの可能性を秘めていて、大学の動向が記された資料を通して、戦後直後の学生運動などの運動史が分かるようになってきています。また、都市や農村の調査資料というものが大学には所蔵されています。社会学的、農業経済史的関心からの農村調査の個票とかです。家族構成から収入や財産についての情報が載っていますから、これも扱いが難しいところではありますが、重要な資料となります。都市部の調査資料も同様です。

個人の手記も大事な資料となります。たとえば、靖国神社にある偕行文庫には戦没者の遺族から寄贈された手記が保管されており、戦前のものだけでなく戦後のことも書かれた資料も多く、比較的アクセスしやすいアーカイブズです。ただ性質上、資料の集積という意味では遺族からの寄贈という、一種の偶然に頼るほかない状況です。

興味深い事例として、「下丸子文化集団」という文化サークル運動があり、道場親信さんが著書に詳細にまとめいらっしゃいますが（道場二〇一六）、この文化集団は自らの手で活動の記録を残しアーカイブしていました。つまり、当事者のアーカイブズでもあるというケースです。立教大学の共生社会研究センターには市民活動資料コレクションというものがあり、元は埼玉大学に寄贈された「住民図書館」の資料を受け継ぐかたちで二〇一〇年に設立されました。住民運動の機関誌やビラを中心に収集・保管しています。

このように私文書というのは非常に興味深い資料なのですが、個人の資料ですから、代替わりや転居のたびに散逸したり廃棄されたりする恐れがあります。もちろん、そうした危機はほかの資料でもありえますが、私文書ではより起こりやすいと言えます。

（3）刊行物

では、刊行物はどうでしょうか。

まず、書籍に関しては、占領期当時に刊行された手記・記録類の再発掘が行われています。京都でいわゆるパンパンとして生活し、警察の手入れによって収容された女性たちを同志社大学の社会学者たちが調査した、竹中勝男・住谷悦治編『街娼　実態とその手記』（有恒社、一九四九）を手掛かりとして、衝撃的な研究である、茶園敏美『パンパンとは誰なのか』（インパクト出版会、二〇一四）が刊行されています。また、文学作品に描かれた都市空間をどう読むかという作業が行われています。たとえば川端康成や織田作之助が読み直された成果が、西川祐子『古都の占領――生活史からみる京都 1945-1952』（平凡社、二〇一七）や加藤政洋『モダン京都〈遊楽〉の空間文化誌』（ナカニシヤ出版、二〇一七）に結実しています。さらに、「米軍寄贈EM本」など、占領期の英語教育を支えた米軍由来の教育書籍の検討も進んでいます（多田英俊「嵯峨野高女旧蔵「米軍寄贈EM本」について――寄贈経緯とその背景を探る」関西教育学会大会報告、二〇一八）。

新聞も重要な当時の資料ですが、大手新聞社はともかく、地方紙はデータベースがほとんどなく、また新聞社が原紙を保存していない場合も多く、アクセスするのが難しい状況です。見出の目次が作成されてあればかなり使いやすいのですが、そうでもなければ目次を作るところから始めないといけません。また保存上の観点から、戦後すぐの新聞はすでに紙が劣化しているので慎重に扱わざるをえません。地方紙は相当な情報量が眠っているのですが、こうした点からいまだ十分に活用できていない状況です（東ほか二〇一九）。

占領期の雑誌といえば、プランゲ文庫が有名ですが、これは米軍の検閲担当官だったゴードン・ウィリアム・プランゲが検閲のために手元にとどめていた雑誌類をアメリカに持ち帰り、メリーランド大学に寄贈したものです。ヤングが指摘するように（ヤング二〇一七）、一種の戦利品の側面もある資料群です。しかし、これによって当時の日本でどんな雑誌が刊行されていたのか最低限はわかります。また、個人が収集した雑誌がまとまって寄贈、公開された代表例としては、早稲田大学にある福島鑄郎コレクションが挙げられるでしょう（前島二〇一七）。また、特に近年の動向で注目されるのは、広告資料の発掘が進んでいることです。関西の大手企業の広告を制作していたプレスアルトという広告会社の資料が整理され、公開されるようになりました（竹内二〇一九）。申すまでもなく、当時の社会状況を知るうえで広告は重要な手がかりとなります。また、ゆまに書房・不二書房・大空社出版・三人社などが手掛けている復刻出版には常に目配りをする必要があります。

あとは地図です。これまた重要な資料です。大きな図面などはかなり整理されてきましたが、都市の案内図のような、一時的に使われた、書籍の形にはなっていないビラのようなものは、まだまだ発掘段階にあります。日本の図書館の性質上、そうした案内図の収集・保管が進まず、所蔵してあっても見ることができない状況が指摘できます。たとえば、京都市明細図という占領期の詳細な地図がありますが、これをGoogle Mapと重ね合わせると、どこがどうのように変化したのか、すぐにわかります（福島二〇一二）。このように地図の整理・公開が進むことで、都市空間研究は一挙に進展するように思われます。

もっとも、今後、書籍類を各所から収集して適切に流通させる機能を持っていた古書市場と、その大口の買い手であり、資料公開の窓口の機能も持っていた大学の、それぞれの規模の縮小とともに、占領期の書籍類の把握が困難になる可能性もあることを指摘しておきたいと思います。

（4）写真・映像

写真資料のなかでは、やはり占領期においてのカラー写真の衝撃というのがあるのではないでしょうか。国会図書館には「モージャー氏撮影写真資料」が所蔵されていますが、これはロバート・V・モージャーというGHQのスタッフが一九四六年（昭和二一年）から一年間ほど日本各地を撮影した写真群です。たとえば京都の平安神宮を撮影した写真には、大きな煙突が写っているのですが、この煙突は実は神宮の脇にできたクリーニング工場の煙突で、米軍の兵士の服をクリーニングしていました。白黒写真でも煙突は確認できるのですが、やはりカラーで見るとまた別物です。また、いまの技術では白黒写真に色を付けることも可能です。渡邉英徳さんの研究がまさにそれです（渡邉二〇一八）。この場合、自動色付けに聞き取り調査を組み合わせて色を起こしています。その復元作業自体を重要視しているのが特徴と言えます。その過程での新たな写真の発掘や展示会の開催などが行われています。

また、沖縄県公文書館の「写真が語る沖縄」では、アメリカ国立公文書館からの収集写真、地方写真、県所蔵写真などを横断で検索できるように整備されていますし、立命館大学アートリサーチセンターが公開している「近藤豊写真資料」では、古建築の研究者による大量の写真が公開されていますが、撮影者自身が付していたメタデータによって、撮影場所と日時が詳細に把握できる点が特徴となっています。また、地域図書館での収集活動では、豊中市と箕面市の図書館が共同運営している「北摂アーカイブス」が注目されます。実質は地域住民による「地域フォトエディター」による活動なのですが、住民が所蔵している写真を集めていこうという試みですね。また、個人による占領期写真の収集としては、衣川太一（写真収集家／神戸映画資料館）によるオークション収集の成果公開が今後待たれるところです。

映像では、国立映画アーカイブが二〇一八年に設立され、今後の活動が期待されます。ただ、個人撮影の映像やドキュメンタリーの映像素材の把握・蓄積はまだまだこれからです。それから、権利関係の問題で、これまでは図書館や博物館が所蔵していた資料のデジタル化があまり進んでいませんでしたが、著作権法の改正によって今後はデジタル化が進むはずです。

写真・映像資料はこれまでアーカイブズ的な価値が十分には共有されていませんでしたが、メディアとして提示したときのインパクトは非常に大きなものがあります。今後は共有化を進めていかなければなりません。

（5）証言

証言は扱いが難しいですが、うまく扱うことができると圧倒的な力を持つ資料となります。ただ、古くから多くの指摘がありますし、実際にわずかながらの聞き取り調査の経験からも実感しますが、ひとは目の前の相手との関係で物事を話す傾向があります。そのため、聞き取りをする際は周辺状況もあわせて記録しておかないと、厳密な調査資料として研究に用いることは難しいです。どういう状況で、どういう形式で聞き取りを行ったかを明らかにすることが資料としての価値を担保するのですが、きちんとやろうとすると権利関係の整理や個人情報にも気を払わないといけないので、結構大変です。とはいえ、証言資料の可能性はそのコストにかかわらず重視されるべきです。特に大事にしたいのはコミュニティの声です。たとえば、日本は占領されて大変な目にあった、というような大文字のストーリーがあるとすれば、それに反する声こそが大切だということです。経験は個別のものですし、それを汲み上げることが今日でいえば占領期の都市空間を考えていくことになります。オーラルヒストリーの議論に触れているとそう思います。

また、用品だったり、モノへの関心も高まっています。二〇一五年に三重県立美術館で開かれた「戦後七〇年記念　二〇世紀日本美術再見　一九四〇年代」においては、占領軍用に作った日用品が展示されていました（三重県立美術館二〇一五）。たとえば豊口克平で、戦前から戦後にかけて活躍した工業デザインを代表する人物です。この展覧会のように、今後はモノも重要な資料となっていくでしょう。

総じて、証言やモノは占領期研究において、これから本格的な検討が加えられるべき資料群と位置づけられます。

二　適切なアーカイブズの姿とは

（1）媒体と物量の課題

ここからは、コンテンツではなく媒体自体や周辺の状況に注目し、それが抱える問題を見ていきましょう。

まず、占領期の紙は粗悪なものです。公文書でいえば、戦時中の紙は案外しっかりしていますが、やはり国力の低下にともない昭和二〇年に入ったあたりから目に見えて質が落ちます。そして終戦直後は劣悪そのもので、公文書として保管されているものの、実際のところはひどい状態のものも多いです。紙の繊維がすでにぼろぼろになっていて、長期的に保存することは非常に難しいです。それから、都市関係の図面など、多くの文書は簿冊という形態で保管されています。折りたたんだ状態で穴をあけ、まとめて紐で綴じてあるので、中身を確認するためには紐を切らないといけません。この作業を開被といいますが、これが簡単にはできない。というのも、切ったら最後、二度と元通りには戻せないものがあったりして、その後の管理を考えるとなかなか切れません。紙そのものの質の問題と簿冊という形態の問題があります。

問題のある媒体といえば、フィルムもまたその一つです。紙に比べてデリケートなため、管理にコストがかかります。徹底した長期保存のためには、低温・低湿度の収蔵庫、つまり巨大な冷蔵庫のような環境が必要で、取扱にも専門的な技術が求められます。しかし、専門家は限られており、圧倒的に不足しています。

ではデジタル媒体ならどうか。データの記録形式の変化に対しては、技術的に解決可能だと思いますが、問題はデータベース側の管理・維持にあります。国が行政事務のために作った業務用データベースに占領期の関連資料がかなりまぎれていると思われます。また多額の科研費を投入し、広く資料や情報を集めて作成したデータベースが、科研費研究の終了とともに、うまく引き継がれずに死蔵されてしまう、もしくはデータが適切に保管されていないケースが多くあります。こうした問題に対処する必要があります。

とにかく、占領期の資料はその膨大な量と取り扱いの難しさが問題です。公的機関であっても、これまで管理・収集に関わっていた人が辞めてしまった場合、資料の状況や取り扱い方がまるで分らなくなってしまう恐れがあります。また、前近代の資料に比べると時代が近いためか、資料目録の作成など整備が追いついていなかったりもします。さらに、阪神淡路大震災や東日本大震災を持ち出すまでもなく、災害の危険性も考慮すると、公的機関であっても棄損する可能性は大いにあります。

（2）関連する動向の整理

また、情報公開と個人情報保護を巡るこの二〇年間の社会的経験も占領期研究に重要になってくると考えます。まず、情報公開法は一九九九年に制定されました。市民の運動が各地の地方自治体での条例制定につながり、ついに法律となったものです。また、個人情報保護法は二〇〇三年の制定ですが、情報公開が制度化されていく際の留意事項と経験を整理し、法制度となったものです。

これらの議論のなかで確立された考え方のなかで特に重視したいのは「時の経過」というものです。まず前提として、個人情報保護法は情報を自己がコントロールするという考え方が前提なので、原則として故人は適用外となります。さらに、学術資料や博物館・図書館などの所蔵資料は行政資料でないので情報公開や個人情報保護の制度の対象外となります。しかし、そうであっても、これら資料に含まれる個人情報や国益等に関わる制限情報を適切に取扱うため、「時の経過」という考え方がアーカイブズでは広く採用されています。国立公文書館の規定では、三〇年・五〇年・八〇年・一一〇年という形で、情報を公開する段階を設けています。研究者側から見た時、実は不便な面があると感じる場面が多いかもしれませんが、個人や関係者の権利と公共性のバランスの重要な先行事例として、占領期研究の過程での情報の取扱いについて検討する際、全面的に依拠するかはともかく、留意すべきでしょう（瀬畑二〇一一）。

また、デジタルアーカイブについても、利活用・構築の両面からその動向に常に関心を寄せておく必要があります。最近の一番のトピックは、さまざまな分野のデジタルアーカイブと連携して、多様なコンテンツのメタデータをまとめて検索できる「国の分野横断統合ポータル」である、「ジャパンサーチ（試行版）」が二〇一九年二月から運用されていることです。この「ジャパンサーチ」は二〇二〇年中には正式版がリリースされる予定です（八月二五日公開）。構築の面に絞ると、この「ジャパンサーチ」の準備の過程で二〇一七年四月に決定された「デジタルアーカイブの構築・共有・活用ガイドライン」に「各機関が行うこと」として言及された以下に注目されます。

①メタデータの整備――「タイトル」「作者」「日付」「場所」「管理番号」の五項目
②サムネイル／プレビューの作成
③デジタルコンテンツの作成・収集――著作権の確定・活用のための権利処理
④長期アクセスの保証のために――特定のシステム等に依存しないデータ形式・データ共有

今後、占領期研究の中で各種のデジタルアーカイブの構築を行う際、これらに留意することで、簡便かつ長期的な利用が可能となると考えられます。

（3）望ましい保存・公開の仕組み

これまでの議論を受けて、望ましい保存・公開の仕組みについて少し述べます。

まず、資料をめぐるエコシステムの形成が重要です。これは管理者が資料の概要を早期に出していくことからはじまります。具体的には言えば資料を写真に収め、ユニーク番号を付しつつ、インターネット上に公開していくことです。写真に撮っておくことで、内容の検討や目録の作成はあとからでも可能になります（福島・天野二〇一九）。同時に、写真データは複数化し、分散させて保管することで肝要です。東日本大震災の際、津波で原資料がすべて流れてしまっても、写真に撮っておいてあったためにデータが生き残ったという事例がありました。前述のように、通常の保管でも現物が破損する恐れが大いにある戦後資料にも同じことがあてはまるでしょう。この準備の上に、資料を検討した研究者がその成果をアーカイブズにフィードバックしていくことを従来以上に意識することで、エコシステムのサイクルが回っていくのではないかと考えています。

また、公開にあたっても、先に言及した情報公開や個人情報保護のこれまでの経験に留意しつつ、占領期研究の側面から、活用を重視した飛躍があってもよいかと考えます。その際、オープンデータを指向するというのが、ひとつの方向性として考慮されるべきでしょう（大向二〇一四）。

また、多くのひとにとってアクセスしやすい環境が必須となります。極力シンプルで、フラットなシステムを構築すること。それから、既存のプラットフォームを活用できるようにすること。たとえば早期公開に際しては、すでに広まっている写真共有システムで閲覧できるようにして、元のデータとメタデータの管理だけをすれば、一からウェブ上のシステムを構築しなくても十分利用可能となります（冨澤ほか二〇一八）。

ただ、これらを着実に行っていっても、情報は発見されなければ意味がありません。学生がGoogleとWikipediaの情報から出発する、あるいはそこにとどまってしまうことはよく知られています（佐藤翔ほか二〇一六）。この状況では「国の分野横断統合ポータル」として期待される「ジャパンサーチ」も、あくまでも一つの解でしかないかもしれませんが、この「ジャパンサーチ」に対応するために仕組みとシステムを検討しておくと、今後の諸課題への対応が容易に可能になると考えられます。

ここで述べたことを総括すると、専門家が手を放さず、しかし公共財とする手法の開発が占領期研究に即しても望まれるべきでしょう。

おわりに

占領期をどう捉えるのか。占領期は現在につながる都市空間や諸制度の形成期にあたります。東京をはじめ戦災をうけた都市が一から整備されていくのはもちろん、戦災をまぬがれた京都であってもこの時期に整備された街区が現在でも機能していますし、たとえば図書館であったり、図書の流通網であったり、いま機能しているさまざまな制度がこの占領期に形成されています。もちろん憲法が新しく制定され、その下に法体系ができたという前提が当然あります。

だからこそ、占領期を独自の構造をもった数年間と限定して考えるよりも、前後の時期に目を配りつつ考えることが重要ではないでしょうか。実証研究が深まることの重要性は変わりませんが、戦前の体制から戦後にむけて、戦災という大きな経験を共有しながら都市空間や諸制度が変化していった、というスケールで議論したほうが有意義だと思います。たとえば、現在の貧困の問題であったり、六八年の社会運動であったり、大元は占領期にあるわけで、そうした時間軸のつながりを視野に入れたほうが適切と考えます（岩田二〇一七／国立歴史民俗博物館編二〇一七）。

また、都市空間の広がりや都市の世界性という同時代的な空間の広がりをどう捉えるのか。戦後の都市に流入してきた人たちはさまざまなルーツを持っています。国内の地方出身者のみならず、朝鮮半島や満洲であったりなど、旧植民地の出身も多数います（西村二〇〇四）。一方で、日本に引き揚げてこられない都市在住者が、シベリアだったり中国だったり東南アジアだったり、アジア各所に当時は大量に滞留していましたから、都市在住者が〈占領期にいた場所〉としてのアジアという視点も必要です。つまり当時の都市空間の広がりをアジアや世界といった枠組みのなかで考えるということです。

同時に、都市の周縁も記録を通して浮かび上がってきます。今日登壇された村上さんの闇市研究もその一例ですが、研究の新潮流として現代都市の周縁の構造が着目されるようになりました。冒頭でもお話しした事故見舞金の記録にしても、西川祐子さんが強調されている通り、女性と朝鮮系の人が出てきません（西川二〇一七）。これはもちろん被害にあっていないということではなく、被害にあっても行政に届け出なかったということです。届け出ない限り記録には残りませんが、記録を探るうちにかえってそうした周縁の人たちが見えてきたということです。資料を読みながら、資料には残らない空間や属性があるということを常に考えなければなりません。

これらを踏まえて、どのように記憶を継承するか。そのことを考えるにあたって、パブリック・ヒストリーという、イギリス発祥の新しい歴史学の手法が参考になると思います。たとえば、東日本大震災をきっかけに発見された占領期の東北の漁村における祖母の日記と、その復刻を巡る語りが報告されています（宮内二〇一九）。もとの日記も、その後の現在進行形のご家族と研究者の営為も感じるところが多いのですが、本日の文脈に引き付けると、私的な記録の歴史化の過程と言えるものでした。「パブリック・ヒストリーの現場では、大多数の普通の市民も、歴史を取り巻く活動、すなわち歴史実践に一緒に携わっている」（菅二〇一九）と整理されているように、歴史家だけではなく、市民とともに、議論しながら記録を公開して共有していくパブリック・ヒストリーの手法が、占領期の記憶を同時代的に、また次世代への継承のための一種の主体化の営為として、ヒントになるのではないか、という紹介をして、報告を終えたいと思います。

参考文献

赤澤史朗（一九九六）「占領軍と京都（一）」『立命館法学』二五〇

天川晃（二〇一二）『占領下の神奈川県政』（現代史料出版）

岩田正美（二〇一七）『貧困の戦後史　貧困の「かたち」はどう変わったのか』（筑摩書房）

大内照雄（二〇一七）『米軍基地下の京都』（文理閣）

大門正克（二〇〇九）『戦争と戦後を生きる』（小学館）
大向一輝（二〇一四）「オープンデータと図書館」http://current.ndl.go.jp/ca1825（二〇二〇年九月八日確認）
長志珠絵（二〇一三）『占領期・占領空間と戦争の記憶』（有志舎）
加藤聖文（二〇〇九）『「大日本帝国」崩壊――東アジアの一九四五年』（中公新書）
加藤政洋（二〇一七）『モダン京都〈遊楽〉の空間文化誌』（ナカニシヤ出版）
北河賢三（二〇〇〇）『戦後の出発――文化運動・青年団・戦争未亡人』（青木書店）
近代京都プロジェクト（二〇一六）『近代京都の絵図・地図』（佛教大学総合研究所）
国立歴史民俗博物館編（二〇一七）『「1968年」――無数の問いの噴出の時代』（国立歴史民俗博物館）
今まど子（一九九八）「京都にクルーガー図書館があった」『紀要・社会学科』八（中央大学文学部）
佐藤翔ほか（二〇一六）「日本の大学生のWikipediaに対する信憑性認知、学習における利用実態とそれらに影響を与える要因」『情報知識学会誌』二六（二）
菅豊（二〇一九）「序言」「パブリック・ヒストリーとはなにか？」『パブリック・ヒストリー入門』（勉誠出版）
瀬畑源（二〇一一）『公文書をつかう――公文書管理制度と歴史研究』（青弓社）
総務省「オープンデータ戦略の推進」http://www.soumu.go.jp/menu_seisaku/ictseisaku/ictriyou/opendata/opendata03.html（二〇二〇年九月八日確認）
竹内幸絵（二〇一九）「プレスアルト研究会の事業――広告現物を頒布した小規模メディアが残したもの」『メディア史研究』四六
多田英俊（二〇一八）「嵯峨野高女旧蔵「米軍寄贈ＥＭ本」について――寄贈経緯とその背景を探る」（関西教育学会大会報告）
茶園敏美（二〇一四）『パンパンとは誰なのか――キャッチという占領期の性暴力とＧＩとの親密性』（インパクト出版会）
デジタルアーカイブの連携に関する関係各省庁等連絡会・実務者協議会（二〇一七）「デジタルアーカイブの構築・共有・活用ガイドライン」http://www.kantei.go.jp/jp/singi/titeki2/digitalarchive_kyougikai/index.html（二〇二〇年九月八日

確認)
冨澤かな、木村拓、成田健太郎、永井正勝、中村覚、福島 幸宏(二〇一八)「デジタルアーカイブの「裾野のモデル」を求めて——東京大学附属図書館 U-PARL「古典籍 on flickr! ～漢籍・法帖を写真サイトでオープンしてみると～」報告」『情報の科学と技術』六八(三)
中村江里(二〇一七)『戦争とトラウマ』(吉川弘文館)
仲本和彦(二〇〇八)『研究者のためのアメリカ国立公文書館徹底ガイド』(凱風社)
西川祐子(二〇一七)『古都の占領——生活史からみる京都 1945-1952』(平凡社)
西村秀樹(二〇〇四)『大阪で闘った朝鮮戦争——吹田枚方事件の青春群像』(岩波書店)
東由美子、時実象一、平野桃子、柳与志夫(二〇一九)「我が国における地方紙のデジタル化状況に関する調査報告」『デジタルアーカイブ学会誌』三(一)
福島幸宏(二〇一一)「地域拠点の形成と意義」『デジタル文化資源の活用——地域の記憶とアーカイブ』(勉誠出版)
福島幸宏(二〇一二)「「京都市明細図」を読む——いくつかの素材の提示として」『メディアに描かれた京都の様態に関する学際的研究　平成二三年度京都府立大学地域貢献型特別研究(ACTR)研究成果報告書』
福島幸宏(二〇一三)「京都府立総合資料館所蔵の占領期行政文書と地図について」『アリーナ(特集占領期京都を考える)』一五
福島幸宏・天野絵里子(二〇一九)「アーカイブズ構築のスリムモデル」(Code4LibJAPAN 報告)
豊後レイコ(二〇〇八)『八八歳レイコの軌跡——原子野・図書館・エルダーホステル』(ドメス出版)
前島志保(二〇一七)「動態としての占領期雑誌研究に向けて」『Intelligence』一七
三重県立美術館編(二〇一五)『二〇世紀日本美術再見　一九四〇年代』(三重県立美術館協力会)
道場親信(二〇一六)『下丸子文化集団とその時代——一九五〇年代サークル文化運動の光芒』(みすず書房)
宮内泰介(二〇一九)「「八重子の日記」をめぐる歴史実践」『パブリック・ヒストリー入門』(勉誠出版)
村上しほり(二〇一九)「焼け跡の映画興行をめぐる占領と復興」『神戸と映画——映画館と観客の記憶』(神戸新聞総合出版センター)

山本武利（二〇一三）『GHQの検閲・諜報・宣伝工作』（岩波書店）
ヤング、ルイーズ（二〇一七）「21世紀における占領期研究再考」『Intelligence』一七
立命館大学産業社会学部鈴木良ゼミナール（一九九一）『占領下の京都』（文理閣）
渡邉英徳（二〇一八）「記憶の解凍」『立命館平和研究』一九

占領期横浜の都市空間
——研究史と記憶の継承

大西比呂志

はじめに

占領期の都市空間を考察するうえで前提となるのは、空襲による破壊と占領軍による接収である。こうした外からの大きな打撃は、都市内部に従来にない新たな空間の形成とそこでの人的交流の出現をもたらした。横浜にとって占領接収期は、そうした特異な様相を持った時代であった。

横浜は一九四五年四月と五月に市中枢部（中区、西区、神奈川区、鶴見区）に大規模な空襲を受け、敗戦後の八月三〇日から連合国軍主力が進駐して地域の大半が接収された。そしてその状態は講和後の一九五〇年代まで続き、今日に至ってもなお完全には解消されていない。戦災と占領接収は戦後横浜の都市形成史におけるきわめて困難な出発点となった。

本稿では本土の都市のなかでもとりわけ大規模な占領の都市空間を現出した横浜についてまずその過程を概観し、ついでこれまでどのように論じられてきたか研究とその他の言説、横浜市での市民運動、市史事業などを検討する。本書が課題とする占領期都市空間というこの時代の記憶の継承のためには、この時代がどのように考察されてきたのか明らかにする必要があるだろう。その上で最後に近年の博物館による新しい取り組みから「記憶の継承」という本書の課題にどのような方法があるか迫りたい。

一　占領期横浜の前提

（1）横浜の都市形成史

まず占領期横浜の前史をみておこう。横浜は開港という国家的要請を受けて造成されて急速に膨張した都市である。横浜は他の大都市（東京、大阪、京都、名古屋、神戸）のような近代以前の歴史的伝統を欠いた都市であったが、そのことが近代化を受容し急速な発展を可能にした。すなわち開港場・居留地を中心とした都市計画にもとづく市街地整備、鉄道、港湾、水道や埋立事業などの国家主導の基盤整備によって、当初一〇〇戸余りの横浜村は一八九九年市制施行の時点で人口一二万人を越え、明治後半期には二度市域拡張を行い（一九〇一年五・四〇平方キロメートル、一九一一年三六・七一平方キロメートル）、大正時代には第一次大戦の好景気のなか生糸輸出を中心として日本第一の貿易港となった。

このように開港以来発展していた横浜を壊滅させたのが、一九二三年の関東大震災であった。当時の横浜は現在の中区、西区、南区に周辺の一部を加えた市域で、地震は横浜港、関内、山手、野毛、戸部、伊勢佐木町といった中枢部を壊滅させた。

この第一の苦難以後の横浜の都市形成史は、「五重苦を乗り越えて」という表現で回顧される。第二は昭和恐慌で、市は震災復興資金調達で導入した外貨債（米貨公債）の為替差損によって慢性的な財政赤字に悩まされた。しかし「大横浜建設」を掲げて復興事業にあたった有吉忠一市長（在任一九二五―三〇年）が推進した三大事業（港湾拡張、市営埋立事業と工場誘致、第三次市域拡張）や満州事変後の軍需景気によって横浜は重工業都市への転換に成功し、一九三九年には一挙に市域を二倍以上にした第六次拡張を行い（四〇〇・九七平方キロメートル）、一九四二年には人口一〇〇万人を越える大都市となった。

この「大横浜」を再び壊滅させたのが第三の戦災・空襲で、第四に占領軍による市内の大規模接収による復興の遅滞、第五に高度経済成長期の東京のベッドタウン化、生活環境の悪化など「高度経済成長のひずみ」である。(1) 横浜の都市形成史は発展、壊滅、復興を繰り返した歴史であるが、空襲と占領は震災とならんで他都市以上に大きな障害となった戦後史の前提条件となった。

	罹災面積(坪)	罹災戸数	罹災者	死者	負傷者	行方不明
	6,946,385	100,091	399,187	4,616	14,214	311
被害率	5.7%	48.5%	45%			
内訳	4月15日	19,255	80,362	345	654	2
	5月29日	79,017	311,218	3,650	10,198	309
	その他(23回)	1,819	7,607	621	3,362	

表1 横浜の空襲被害（出典：羽田博昭「横浜：都市爆撃と戦後の接収」『建築とまちづくり』No.443，2015年8月）

（2）空襲

関東地方への空襲は一九四四年一一月一日、マリアナ基地から飛び立ったB29爆撃機の東京地区への飛来に始まるが、横浜への最初の空襲は同月二九日に始まり、以後一九四五年八月一三日まで二九回行われた。そのうちもっとも人的被害が大きかったのは四月一五日と五月二九日の空襲であった（**表1**）。

四月一五日午後一一時頃、東京南部および川崎・鶴見の京浜工業地帯へB29三一一機による大規模な焼夷弾攻撃が行われた。これによって川崎市では全戸数の半数近い三万八五一四戸、一五万四四二六人が罹災し、横浜市では鶴見区一帯が焼失したほか、神奈川、港北、保土ケ谷、南、西、磯子各区で相当の被害が生じた。

最大規模となった五月二九日の空襲は午前九時過ぎから、三月の東京大空襲を上回るB29五一七機と護衛戦闘機一〇一機が飛来し、M47焼夷弾が二万二二二四個、E46焼夷弾が八六六六個、その他三八四個、総量は二五六九・六トンが使用された。一つのE46焼夷弾は、三八個のM69と呼ばれる焼夷弾を集束し、これが空中で分解して落下した。総数で三五万一九一六個の焼夷弾が横浜に投下されたことになる[2]。

攻撃は神奈川区の工業地帯、横浜駅・平沼橋、市役所や伊勢佐木町付近、大鳥国民学校を中心とした本牧方面、吉野橋付近という横浜の都心部の五つの地帯を重点目標に設定し（平均弾着点）、それぞれを焼夷弾攻撃地域第一号、第二号に分けて五つの飛行戦隊によって集中的に行われた。この時の被害は死者三六五〇人、負傷者一万一九八人、罹災者三一万一二一八人、民家七万九〇〇〇戸余りが罹災し、市民の少なくとも三人に一人が罹災した（横浜市人口八〇万九〇〇〇人、三月末現在[3]）（**図3-1**）。爆撃による壊滅面積は一七・八平方キロメートルで（市域面積五二・三平方キロメートルの三四パーセント）、焼夷弾攻撃地域第一号の壊滅面積は一・八平方キロメートル、第二号は一一・七

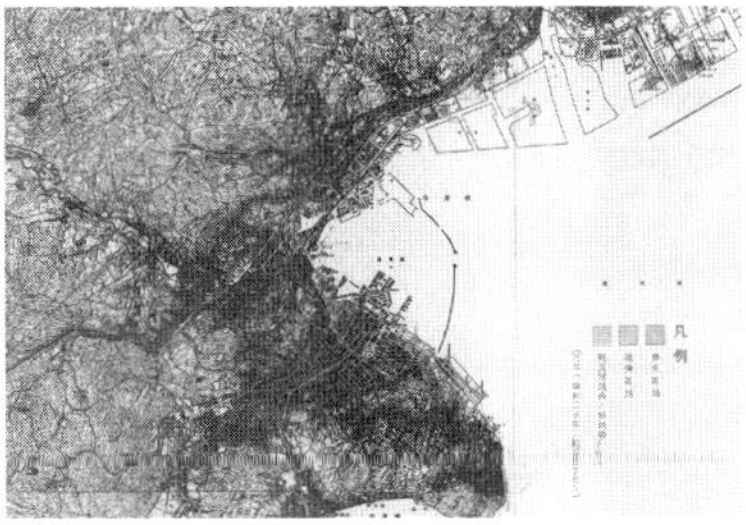

図 3-1　横浜の戦災地域（出典：「戦災概況図横浜」1945 年 12 月より一部, 国立公文書館所蔵）

図 3-2　山手から見た関内方面の焼け跡, 1945年9月5日（横浜市史資料室, SMA0485X）

平方キロメートルであった。[4]

この空襲は商業住居地域と工住混合地域を目標にした焼夷弾攻撃であったことから、結果として港湾施設や海岸通り・本町通りの官庁ビジネス街、山手の住宅地域などは大きな損害を受けずにすんだ。そのことによってこれら地域が後の連合軍の占領と接収のために意図的に攻撃目標からはずされたとの言説があるが、それを証明する資料は今のところない。[5] 空襲で焼け出された人びとが住んだのは、バラックや仮小屋、防空壕などその数二万九一四八戸、応急の簡易住宅や軍用施設の転用住宅が四五〇〇戸であった[6]（図3−2）。

（3）占領と接収

八月二八日、日本本土進駐の第一陣として米第一一空挺師団の先遣隊約一五〇名が輸送機一〇機で厚木飛行場に到着し、三〇日には総司令官マッカーサー元帥ら三〇〇〇名が同飛行場に着陸し、ただちに幕僚兵員とともに横浜へ移動し、海岸通りのホテルニューグランドを宿舎に、横浜税関にアメリカ太平洋陸軍総司令部GHQ／USAFPACを開設した。

当初マッカーサーらの本土進駐ルートには、「ブラックリスト作戦」を基礎とした空輸による東京直行計画「ベーカー六〇」が想定されていたが、八月一九日にマニラに派遣された参謀次長河辺虎四郎中将らの使節団との会談で横浜を経由することが決定された。当時、発動の準備が進められていた連合国軍の対日侵攻作戦「ダウンフォール作戦」、関東侵攻作戦「コロネット作戦」及び前述の「ブラックリスト作戦」、アメリカ海軍による関東上陸作戦「キャンバス作戦」などにおいて、連合国軍主力は最終目標である東京への侵攻や進駐の前段階として横浜や横須賀を重視していた[7]。しかしマッカーサーが最終的に横浜を選んだ背景には、日本側の神奈川県が受け入れを想定して最高司令官の住宅をはじめ士官兵員用の宿舎、倉庫やバス・トラックなどの準備がいち早く進められていたことが挙げられる[8]。二七日には司令部を横浜税関に、マッカーサー司令官ら将官用宿舎として中区旭台のC・マイヤー邸、根岸滝ノ上平田穂作邸、山手町カール・クライヤー邸など、士官用宿舎として山下町や海岸通り、新山下などの香港上海銀行、堀越商会、ヘルムハウス、ライジングサン、バンドホテル、日本造船、貿易会館、東亜海運、三菱ビルなど、兵舎として生糸検査所、日本倉庫統制組合事務所、万国ビル、香港上海銀行、興業銀行などを使用することが発表されている[9]。

三一日からは第一八八空挺グライダー連隊、第五一一空挺歩兵連隊、九月二日から大桟橋、新港埠頭などから本隊の第一騎兵師団が上陸を開始した。この師団は占領の主力となった米第八軍に属する最大最精鋭の部隊で九月八日首都に入った最初の米軍部隊であった。マッカーサーは九月一七日東京に移動して日比谷に連合国軍最高司令官総司令部GHQ/SCAPを開設するが、横浜税関は引き続きアメリカ太平洋陸軍主力の第八軍司令部（アイケルバーガー中将）が置かれ、日本全体の占領軍政の中枢となった。この間横浜の進駐軍は約二万人から一九四六年二月時点で九万四〇九四人となり、中区九四戸を中心に鶴見区三戸、港北区三戸、神奈川区一戸、西区五戸、計一〇六戸が米軍将兵の宿舎として接収された[10]。

米軍施設には第八軍司令部（横浜税関）以下、ヨコハマコマンド司令部（日本大通り、日綿実業ビル）、憲兵司令部（山下町、シーベルヘグナー商会）、憲兵隊（山下町、日本赤十字神奈川県支部）といった司令部のオフィス、飛行場（若葉町、末吉町）、兵器廠（恵比須町、横浜護謨）、自動車修理工場（本町、北仲通）、PX写真工場（吉田町、都南ビル）、QMランドリー（山下町、大倉火災海上保険）、ベーカリーショップ（伊勢佐木町、亀楽ビル）といった工場、兵員宿舎（レイテコート、インペリアルアパート、ベイサイドアパートなど）、スポーツ・レクリエーション（ルーゲーリックスタジアム、フライヤージム）、社交クラブ（コロニアルクラブ、ゼブラクラブ）など、あらゆる分野にまたがるもので最終的に一七七カ所、内訳は中区一一八を筆頭に神奈川区二二、鶴見区一〇など宿舎同様市中枢部に配備された[11]。四六年九月末までに、市全体で進駐軍に接収された建物は総数三六三（住宅一二〇、事務所一七、ビル一一七、学校一〇、工場三九、倉庫三四、その他二六）、接収地面積　九二一ヘクタール（市域の二・三パーセント）、中区は三九二ヘクタールで区域の三五パーセント、全接収地の四三パーセント、神奈川区　二五五ヘクタール、西区六二ヘクタールであった[12]（図3-3）。

こうした横浜の接収は、沖縄を除く日本本土で最大規模であった（表2）。一九五一年一〇月現在で全国調達局の横浜、東京、大阪、名古屋、呉、福岡、仙台、札幌の八つの管内で土地接収面積は、横浜が六万九〇八一・七三三坪で全体の六二・二七パーセントを占めた。表にはないが、横浜市中心部である中区の接収地面積は二三・三パーセントで、港湾施設はその九〇パーセントが接収された[13]。

	1951 年 10 月 1 日		1958 年 10 月 1 日	
地区(局)別	土地接収面積(坪)	率	土地接収面積(坪)	率
横浜	69081.733	62.27%	30291.479	58.57%
東京	2490.594	2.24%	3541.648	6.85%
大阪	680.153	0.61%	95.558	0.18%
名古屋	370.714	0.33%	43.074	0.08%
呉	270.67	0.24%	121.479	0.23%
福岡	5494.129	4.95%	1959.349	3.79%
仙台	9827.245	8.86%	1073.281	2.08%
札幌	22731.693	20.49%	14594.094	28.22%
計	110946.931	100.00%	51719.962	100.00%

表 2　全国の接収状況（調達局管内）（出典：「横浜市における米軍接収地の変化に関する研究」より抜粋）

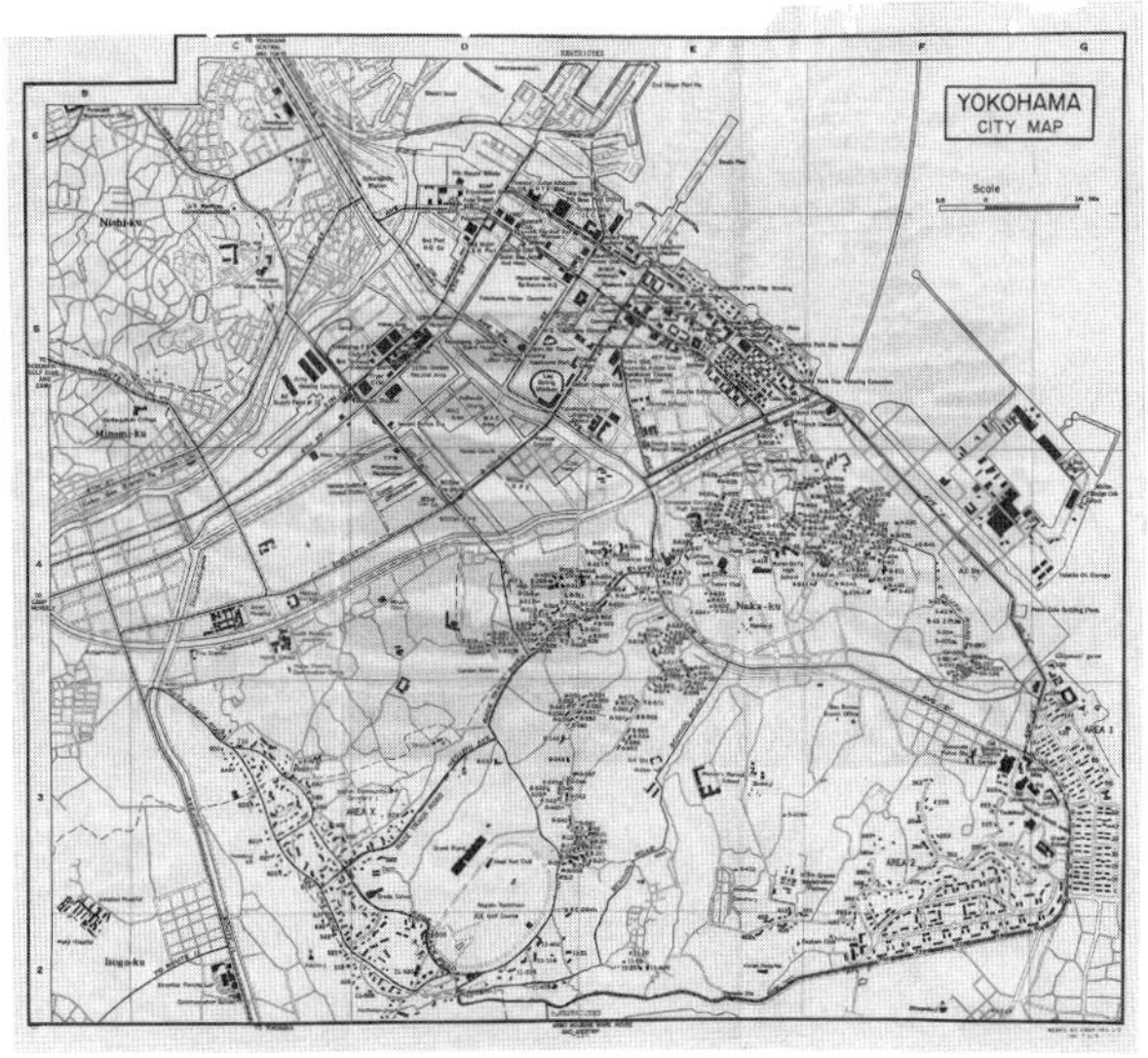

図 3-3
Yokohama City Map，1950 年ころ（横浜市史資料室所蔵）

横浜の接収のもう一つの特質は、長期にわたったことである。右の調査では七年後の一九五八年一〇月現在で、横浜管内は三万二九一・四七九坪が接収されており、これは全国の五八・五七パーセントであった。横浜市内の米軍施設は、二〇一九年三月現在でも四カ所約一五〇ヘクタールが未返還である。[14] 横浜は他都市以上に大規模な占領軍の進駐と市内中枢部の接収、継続使用が行われた。横浜は際だって広く長く市中心部が接収という「占領の空間」が現出した都市といえる。

このような市中枢の大規模な接収は、従来の地域性を無視して行われた。進駐軍が市内を占拠した九月末半井清市長、平沼亮三商工経済会会頭は第八軍司令官アイケルバーガー中将を訪問し米軍の使用範囲を質したところ、米軍は使用地域について、南区戸部町五、六丁目、花咲町六丁目全部、桜木町五丁目および同七丁目電車通り側半分、中区羽衣橋、亀ノ橋、東横、曙町の四点を結ぶ地域内の「日本人住居は至急他地域に移動」、また中区伊勢佐木町方面の末吉橋、黄金町まで「使用の予定」を伝え、元町の商店街や弁天通りの外人向商店は伊勢佐木町一丁目から阪東橋に至る線に「集約して開業させる」こと、日本人向商店街は「宮川町より野毛一丁目（緑橋から日之出町付近に至る線）に許可」、「ビジネス・センターは将来花園橋付近一帯の予定」と回答した。米軍使用範囲から日本人住居、商店の移動や集約が要求され、これが強制的であったことはいうまでもない。市中心部は旧開港場内の関内（おもに官庁・ビジネス街の旧外国人居留地山下町と、本町通を中心とする日本人町からなる）と、隣接する山手（旧居留地外国人居住地域）、さらに日本人街の繁華街として発展した伊勢佐木町や野毛など関外に分けられるが、米軍による接収は日本人の強制的移動、立ち退きにより従来の地域性に大きな変化を与えたのである。

二　研究史とさまざまな言説

（1）横浜の空襲と戦災を記録する会

本土最大の占領都市空間を形成した横浜については多くの研究があるが、第一に取り上げなければならないのは横浜の空襲と戦災を記録する会（以下「記録する会」）によるものである。同会は一九七一年七月、「空襲と戦時下の生活体験を、次の世代・後代に伝え」ることを目的に「主婦や労働者、小経営者、小中高の教師や大学の教員、研究者、僧侶、神官、牧師、十代二十代の青年男女」など多数の市民が参加し、学習活動を基礎に体験者の聞き取り調査、手記や体験記遺品といった個人の史料、当時の軍や警察などの公文書を収集し保存する運動を行った[15]。

こうした運動は安保闘争やベトナム戦争に対する反戦平和の志向や、高度経済成長期の経済的繁栄のなかで戦争体験風化への危機感に発するもので、横浜のほか東京、大阪、神戸、水戸、八王子、岡崎、青森、大牟田、福山、徳島、岐阜など各地の被災都市で発足し、その運動のなかから大阪国際平和センター（一九九一年）、東京大空襲・戦災資料センター（二〇〇二年）、水戸市平和記念館（二〇〇九年）といった常設の平和記念館設立へ発展したケースもある。

横浜の「記録する会」はなかでも最も活動的で、収集した約七〇〇〇点の資料は現在横浜市史資料室（西区）に移管され、学校や市民団体による空襲展などの平和教育に生かされている。同会が出した『横浜の空襲と戦災誌』（六巻、一九七五―七七年）の第四巻『外国資料編』には空襲の影響を市民に尋問した戦略爆撃調査団の記録、第五巻『接収・復興編』には戦後改革の文書や駐留米軍の機関紙『星条旗新聞』、第六巻『世相編』では占領期の市民の体験が多数収録されており、米軍にとっても横浜市民にとっても空襲と占領接収が連続する一体のものであったことがわかる。

同会を牽引した今井清一『大空襲5月29日』（有隣堂、一九八一年、新版一九九五年）、斎藤秀夫『占領の傷跡』（服部一馬氏と共著、有隣堂、一九八三年）の著作の副題はいずれも「第二次大戦と横浜」である。例えば前者では五月二九日は、アメリカ軍の原爆投下目標選定委員会で横浜が投下目標から外された翌日であり、原爆と戦略的空襲は表裏の関係であったことをアメリカ側資料から明らかにしている[16]。日本側の文書や市民の体験記などとともにアメリカ側文書という国際的視野で地域史を捉える方法は、以後の地域史研究にも取り入れられる先駆的で業績であった[17]。

（2）横浜市史Ⅱ

次に取り上げるべき組織的研究は、一九八五年に横浜市が開始した『横浜市史Ⅱ』編纂事業である（以下「市史Ⅱ」）。高度経済成長期までの昭和史を対象に二〇〇四年までに通史編三巻、資料編九冊など一六冊を刊行した。この事業では、「記録する会」が収集した資料に加えアメリカ国立公文書館（NARA）、アメリカ議会図書館、マッカーサー記念館、デューク大学、メリーランド大学などから

GHQ／SCAPや第八軍文書、米軍接収文書、アイケルバーガー日記、プランゲ文庫といった当時ようやく国立国会図書館が着手し始めた重要な在米占領期資料を自治体として初めて本格的に収集した。[18]

刊行された「通史編」では連合国軍のなかで主力となった第八軍の太平洋戦線以降の侵攻・上陸・進駐と占領軍政の動向が詳しく叙述され（荒敬『横浜市史Ⅱ』第二巻上第一編政治Ⅰ第一章）、資料編では、土地建物の接収、物資調達、労務供給などの渉外行政にあたった横浜終戦連絡事務局の「執務報告書」（『資料編1 連合軍の横浜占領』）、放出物資の要請など占領軍と直接折衝にたった神奈川県知事内山岩太郎の日記（『資料編3 占領期の地方行政』）などにより横浜を中心に展開した占領行政の実態が明らかにされた。

ほかにも「第二巻（下）戦後の商業」で闇市やマーケット、新興商店街が復興する状況（上山和雄）、「市民生活」では伝染病の流行や犯罪の蔓延、占領の街のアメリカン・カルチャーといった「占領下の世相」（成田龍一）、「教育」では疎開児童の帰還、教育改革のなかでの学校の変容、児童、生徒からみた「進駐軍」、「浮浪児」「戦災孤児」「混血児」問題の出現と対応、少年犯罪と保護育成問題（前田一男）など占領期都市空間の庶民、青少年の状況への分析がなされている。

「市史Ⅱ」は市が長期の事業として組織的に内外から膨大な資料を集め、各分野の専門家によってなされた占領期横浜の最も体系的な研究であり、地域の占領史研究の先鞭を付けるものとなったが、[19] 事業終了後も後継の横浜市史資料室によって資料収集が進められ、研究が深められている。

羽田博昭は、一連の論考でこれまでの横浜の戦争と占領研究で十分取り上げられなかった問題点を指摘している[20]。その一つは「市史Ⅱ」では主に「GHQと並ぶ軍政の中心としての米第八軍の研究」がなされたが、「米軍基地の成り立ちにいたる横浜の役割や位置づけ」と「横浜という視点から米軍の実態と地域との関連」が不十分であったことである[21]。

第一の点は、占領と接収が講和以降の安保体制のなかで「基地」へいたる過程である。これについて羽田は横浜、厚木、横須賀、相模原など神奈川県全体に配備された戦後米軍基地の動向を扱った研究で、一九七二年の革新市政期までの動向を明らかにしている[22]。占領と接収、その後の解除運動は周辺都市への移転、再配置と連動するものであり、占領をその後の米軍のフォーメーションや他都市との関連を長期的に視野に入れた考察として重要である。

さらに羽田が指摘する「米軍と地域との関連」は、従来の占領史研究が必ずしも十分に深めてこなかった領域である。そもそも一九七〇年代に開始された日本占領史研究は、国際政治学の坂本義和らの呼びかけで日米共同研究「日本占領行政に関する資料の収集及び調査」に始まり、竹前栄治、天川晃、粟屋憲太郎ら主に政治学や歴史学の専門家にリードされたことにも関係しよう[23]。天川はその後、占領史研究の大勢であった東京（マッカーサー司令部）やワシントン（米国務省）といった視点からの占領史研究を批判して地域から見直すことの重要性を主張し、「占領改革の構想・政策」から「改革の実態」「比較研究」へと深化させる必要を論じた[24]。各地域に則した占領史研究は現在重要な領域となっている。

（３）描かれた占領下の横浜

アカデミックな占領史研究が十分に深めてこなかった占領下の市民の姿を描いたのは、同時代を生きた文学者の作品やルポルタージュである。ただし東京にくらべて横浜を舞台にしたものは少ない[25]。また一九七〇年代以降、戦時中の日本の侵略をめぐる議論に比して、「アメリカ占領期の記憶は日本国民の意識から大きく後退」し、沖縄を例外として本土の文学はほとんど占領をテーマにしなくなったと指摘されている[26]。

それでも横浜生まれの作家獅子文六は、「敗戦三部作」の一つ『やっさもっさ』（『毎日新聞』一九五二年連載）で、社会的名声を得るために米兵と日本人女性の間で生まれた子どもを収容する孤児院を切り盛りする女性を主人公に、進駐軍将校や外国人バイヤー、「街の女」が根岸、馬車道、横浜駅界隈などを舞台に登場する。獅子は横浜を「日本の受ける大波をいつも真っ先に頭からカブってしまう」都市としているが、独特のユーモア感覚を持つ獅子のこの作品は「おおさわぎ」を意味するタイトルどおり、占領下でも外国人に臆することのない国際都市横浜港の庶民の姿を描いている[27]。

しかし中国で長く抑留され復員後鶴見に住んだ八木義徳は、「軍事基地ヨコハマ　これが戦後横浜の決定的な変貌」であり、「にぎやかなようでさびしく、活気があるようで暗」い「チグハクな感じ」と書いている[28]。彼の代表作『私のソーニャ』（文藝春秋社、一九四九年）に満州から引き揚げて横浜の街角に立つ「S子」や引揚者施設「金沢郷第八寮」の話が出てくるのは外地帰りの自身の戦争体験によるものであった。また「風の吹き溜りに塵芥が集まるように出来た」街の人びとを描いた山本周五郎の『季節のない街』（『朝日新聞』一九六二年連載）は、「時間も地理的限定もない」と記しているが「米軍の残飯」でバラック小屋の一家が飢えを凌ぐ内容は、彼が小学校時代を過ごし敗戦後再び住んだ占領下の横浜の姿である。あえて「横浜」を明示しなかったのは、「その人たちの経験する悲喜劇に、きわめて普遍的な相似性があるから」という。[29]

無頼派の一人石川淳『黄金伝説』（初出『中央公論』一九四六年三月）は、東京からやってきて桜木町の焼け跡のバラック店で久しぶりに出会った女性が「ラッキィ・ストライク」をくゆらすのに驚き、二人は思わせぶりな関係になるが、突如駅で「わたしを突き放して」「黒い兵士」に抱きついていくシーンで話は閉じられる。ほかに安岡章太郎の『陰気な愉しみ』（『新潮』一九五三年三月）は、月に一度災害給与を受け取りに行く野毛坂上にあった横浜市役所で吏員の無愛想な対応に不愉快となった帰り道、思いがけず多額の金を手に入れたので、食堂を探して露店の雑踏、伊勢佐木町や元町にまで足を伸ばしたがやがて困憊し、ようやく駅で「婆さんの磨き屋」に靴をみがいてもらい「はじめて行き所をあたえられた感じ」を得る。石川が描いたのは、屈辱感と優越感が入り混じる占領下の複雑な日本人の心理であるが、これら同時代を生きた文学者の作品に共通するのは、占領下の横浜は「敗戦の縮図」であり、ともかくも「様々な戦後の出発」を象徴する場所であった。[30]

（4）野毛と闇市

これら文学作品やルポルタージュで占領期の横浜を象徴する場所としてしばしば登場するのは、野毛地区である。野毛は開港期に神奈川奉行所預かり地となって以来大岡川の水運を利用する問屋が集まり、初代横浜駅（現在の桜木町駅）が設置されて居留地につながる地区として発展した。明治中期に港に横浜船渠（ドック）が作られるとこの界隈の飲食店は工場労働者で賑わった。震災で焼けたが復興事業で整備され昭和期には関内の馬車道、山手の元町、関外の伊勢佐木町と並ぶ横浜有数の繁華街となった。しかし五月二九日の空襲でB29の全編隊が北から南へ侵入した波状攻撃のなかで、第二の目標地点平沼橋横浜駅付近と第三の港橋市役所付近の中間になり、この地域は徹底的に焼き払われた。

図 3-4　野毛カストリ横町, 1949 年（奥村泰宏撮影, 横浜都市発展記念館所蔵）

しかし野毛の焼け跡にはすぐに闇市と屋台が並び、多くの庶民が集まった。[31] 野毛のキャバレーの支配人などを勤め、横浜の「ウラの歴史の生き証人」松葉好市は、「ここには何でもあった。もちろん、カストリから日用品まで。鯨肉を焼く煙の臭いの中、露店がずらっと並んで、たくさんの人達で賑わいましたね。なにしろここでは、統制とか禁制とかまったく関係なし」「だから復員兵をはじめ、横浜に行けばなんとかなるかもしれないという人達が職と食を求めてやってきた」と回想している[32]（図3－4）。

一九四八年に野毛の都橋派出所に駐在した伊奈正司は、「交番の前に立つと、野毛大通りの車道の両側は、ギッシリと露店が建ち並び、衣類や靴を売る店でいっぱいだった〔……〕石炭ビルの裏側を『おけら横町』、南側を『くすぶり横町』と呼んだ。この横町は米軍キャンプの残飯で作ったオジヤを売る店があって、身元のわからない人びとがひしめいており、この人びとを誰言うとなく『野毛の風太郎』と言っていた。この町は泥棒品を売りに来る者なども多く、錦橋の上はその盗んだ品物を売っている売人」がいたという[33]。「風太郎」とは駅構内やビルの軒下を寝ぐらに日雇い労働などに従事するもので、約六〇〇〇人と推定されている[34]。

野毛は浮浪者、浮浪児のたまり場でもあった。「よこはま『浮浪児』点描」という一九四九年のルポルタージュは、「カチアゲ（恐喝）からモク拾い、モクバイ、靴みがき、ポンビキ、モサ、ズンブリ（板の間稼ぎ）、ヤチネタバイ（春画売り）」などの「悪徳」に手を染める浮浪児の「惨ましい現実」をレポートしている[35]。敗戦当時市内には約四〇〇人の「浮浪児」がいたとされるが、このように多数の「浮浪児」が横浜にいたのは、米第八軍のキャンプから出る残飯が「大きな魅力」となっていたからという[36]。

こうした無法地帯のような野毛一帯を「縄張り」として仕切る露店商の親分肥後盛造は、子分を使いながら市役所とも協同して「野毛坂マーケット」の整備に奔走した[37]。野毛は混沌とした空間であったが、新たな秩序形成への萌芽もみられた「戦後の出発」点であった。

復員後湘南の藤沢に住んだ宮内寒弥は野毛は伊勢佐木町のような「ドルの町を追われた日本人」がどんどん逃げ込んできた「占領の落とし児」であり、歓楽を求める駐留軍兵士も『お客さん』として入って」来たという。[38] 野毛の入り口に《Japanese Only》の立て札が掲げられたが、米軍兵士の立ち入りは日常的な光景であった。ただしこうした「日本人町」に入り込んだ進駐軍兵士の様子を書いたルポは同時代的にはほとんどない。そうした記述がすべての出版物を対象とする占領軍の検閲によって、占領政策や米軍への批評や批判を禁じたプレスコード違反とされたことが理由であろう。[39]

三　記憶の継承のために

(1) 占領期横浜の都市空間

以上のような研究史と言説をふまえると、この時代の横浜の都市空間を以下のように区分することが可能だろう。第一に占領の本質である軍事的権力の支配空間、治者からみた空間である。その主体は進駐軍であり具体的には第八軍（横浜）、GHQ／SCAP（東京）に連なるアメリカ連合国軍である。第二は被治者＝市民社会の空間であり、被災を免れた市民のほか、焼け跡に住む戦災者、引き揚げ・復員者、孤児や寡婦、混血児など庶民の生活社会の空間である。第三は巨大な進駐軍の出現と大規模な施設の接収により市内の地域性が解体され、いやおうなく進駐軍と日本人が接触する空間である。空襲による徹底的破壊と接収はそこに住む人びとに「空間から解放」し、交流する空間をもたらしたのである。[40] それぞれ軍事権力の空間、市民社会の空間、異文化交流の空間と呼ぶこともできよう。

占領期横浜についての研究・言説に関連していえば、これまでの「市史II」などの占領史研究が主に関心を注いできたのは第一の軍事権力の支配空間、「記録する会」など市民活動の業績が代表するのは第二の被治者＝市民社会の空間、文学作品などの筆者がしばしば懐旧の念を持って取り上げ、ルポルタージュが取材したのが第三の異文化交流空間であった。第一と第二の空間は、建前として《Off Limits》や《Japanese Only》と不可侵が掲げられたが、占領軍と市民がそれを越えて交流したのが第三の空間である。

本書の「記憶の継承」という点で重要なのは、第三の空間である。おびただしい数の進駐軍兵士が駐留した横浜では米兵のPXやクラブがある伊勢佐木町とその裏通り、闇市が立つ野毛を中心に、占領支配／被支配を軸にしつつ様々な交流があった。戦後日本の占領期を多面的なアプローチで描いたジョン・ダワーは、この時代の「異文化間の交わりの瞬間ほど強烈で結末が予想しにくく、いろいろな解釈が可能」な場所はないと述べている。[41] 占領期都市空間における「異文化間の交わり」にこそ、今日に解釈可能で重要なメッセージを見いだすことができるのではないか。

(2) 奥村泰宏・常盤とよ子と「戦後横浜に生きる」

ところでこの異文化間が交わる闇市や焼跡の時代の横浜を捉えた写真家に、奥村泰宏と常盤とよ子がいる。

奥村泰宏(一九一四―一九九五年)は実業家・政治家の父を持ち、昭和期に左翼演劇活動に入って弾圧を受けたが、その後横浜青年写真家集団などに加入して写真活動を開始し、一九四〇年県写真連盟を全国に先駆けて創立するなど、神奈川県下の写真家グループのリーダーとして活躍した。空襲ですべての作品やネガを失ったが、敗戦後、横浜写真作家倶楽部結成をして活動を再開し、横浜美術協会顧問、神奈川県報道写真連盟理事長などを歴任、横浜市功労者(一九八〇年)、横浜文化賞(一九八四年)などを受賞し写真を通した地元文化振興に貢献した。[42] 港の人々、進駐軍兵士と労働者、街頭の「浮浪児」の姿などを撮影した『敗戦の哀歌――ヨコハマ・フォト・ドキュメント』(有隣堂、一九八一年)、『ハマの写真の物語――奥村泰宏写真帳』(同、一九九〇年)といった作品集がある。

常盤とよ子は一九二八年神奈川区に生まれ、戦後アナウンサーをへて本格的に写真活動を開始した。「働く女性」、「当時偏見の目でみられた職業の女性たち」を取り上げ、南区の真金町や永楽町など「赤線地帯」の女性たちを写した写真エッセイ集『危険な毒花』(三笠書房、一九五七年)はベストセラーになった。

奥村は横浜の写真家集団の再建(一九四九年)に際し、「ヨコハマは全国一の接収地域であり、その占領期間も長かったので、私たち市民の敗戦感情のゆううつが強く」、「それをふきとばすために」結成したという[43]。常盤は空襲で父を亡くし「そのことが深くわたしの意識に沈みこんでいたに違いないのだ。というのは、敗戦後、どっとアメリカ軍が横浜へ進駐してきたとき、わたしは進駐軍の兵隊さんに一種の憤りをまじえた憎しみを感じた」と記している[44]。奥村と常盤の活動の原点は、アメリカ占領軍への反感であった。

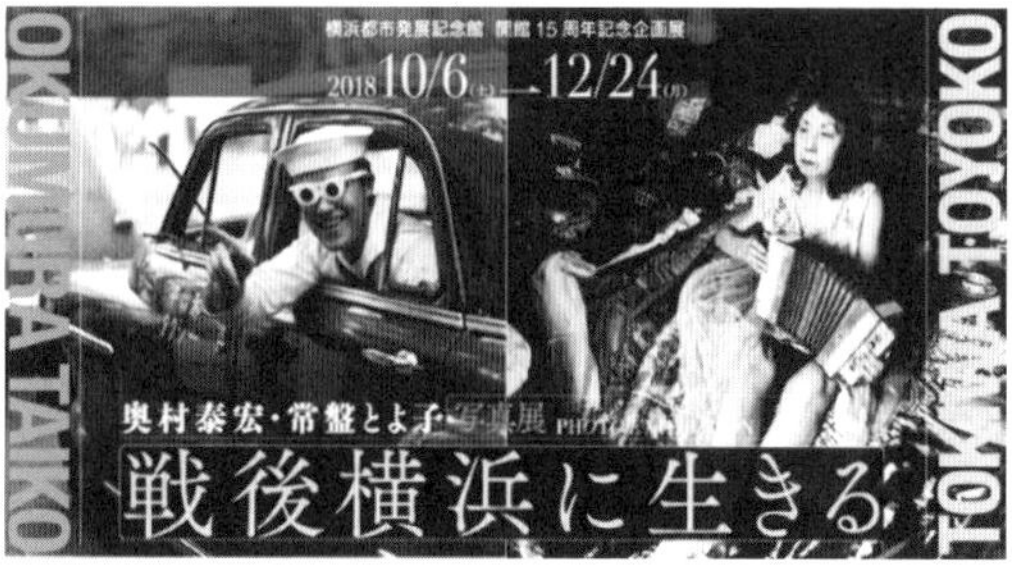

図 3-5　「戦後横浜に生きる」写真展ポスター（横浜都市発展記念館）

奥村は写真活動のほか、横浜市戦災者同盟（のちの日本厚生団）を創立して戦災者や路上生活者、戦争孤児の保護に尽力し、常盤も「赤線」取材のなかで性病検診の現場や婦人更生施設の内部へと入っている[45]。奥村は「敗戦にあえぐ人びとの姿は即ち私自身の姿で、とても第三者的だの、客観的立場などにはなれません。私はそのとき、そのとき、心情に揺れうごくままシャッターを切りました」と述べている[46]。常盤も「赤線地帯の写真をとりつづけたのは、それによって売春制度のもつわるい面を、少しでも社会に訴えたい」と思ったからであった[47]。占領軍への反感と抑圧・排除された人びとへの共感をもとに、奥村や常盤が写真で伝えようとしたのは占領期横浜の「異文化の交わる」空間であった。

この時代の写真は前述した横浜市史資料室ほか市内の公的な機関にいくつも収蔵されているが、奥村と常盤の写真は近代横浜に関する多数の文献に利用され、占領期横浜の都市イメージの造形に強い影響を与えてきた[48]（図3－5）。

二〇一八年一〇月、近年寄贈された奥村と常盤の写真資料をもとにして、横浜都市発展記念館（中区）において「戦後横浜に生きる」と題する企画展示が開催された[49]。約一〇〇点の写真には、陽気な進駐軍兵士を象徴する「タクシーに乗ったGI」、日雇い労働者と路上生活者がたむろする「桜橋付近の『風太郎』」、浮浪生活を送る一人の少年の姿を捉えた「桜木町駅前」、戦争孤児を収容するために奥村も創立に加わった「ボーイズホームの子どもたち」、「赤線地帯」店内の女性を写した「真金町妓楼の支度」、その女性たちが性病検診を受ける「診療所受付」、非公認地帯「青線」で黒人兵士と戯れる女性を写した常盤の代表作「伊勢佐木町裏」などの写真が並ぶ。ある展示の観覧評は、あたかもその時代の空間に生きた人々の「傍らに佇むことができたよう」との感想を寄せている[50]。この展示はなぜこのように観る者の心を打ったのだろうか。

注目されるのは、上述の常盤の代表作が捉えた女性の写真とともに付されている神奈川県立公文書館所蔵の「婦人保護台帳」である。実は筆者は三十年以上前に旧県立文化資料館の書庫でこの文書の存在を知り内容に衝撃を受けた。しかしこの文書はプライバシーや人権の保護などクリアすべき多くの課題を含み、外部からは閲覧できない扱いだった。それが一部マスキングがあるとはいえようやくここに公開されたことに感銘を受けた。担当学芸員の熱意と関係機関の理解と協力なくしてなし得ない成果である。

図 3-6　伊勢佐木町裏（出典:『戦後横浜に生きる』横浜都市発展記念館，70 頁）

横浜に進駐軍兵士向けの「慰安所」が設置されたことは、小林大治郎やいのうえせつこらの研究に詳しい[51]が、かえって蔓延した占領軍将兵の性病予防と売春女性への強制検診のために、県は一九四五年一二月戸塚区の旧海軍病院内に婦人相談所を設置し、翌年一二月保護更生施設白菊寮、むつみ寮、若草寮を相次いで開設し家出、浮浪者などにも対象を拡大した。これらは一九五六年制定された売春防止法に、全国に婦人相談所の設置が盛り込まれる先駆となった[52]。

神奈川県の婦人相談所による一九五六年の「街娼」六〇人の「保護台帳」は、ある女性について、転落原因は「家出」、保護されるまでの生活経歴を次のように記している。

本人は昨夜黒人米兵と曙町の[redacted]に宿泊、サービス料のことで紛争し、ホテル主人より警察に連絡したため保護された。昭和20・3・9東京都千代田区[redacted]で5才の時戦災にあい、母の生家広島市に疎開し、広島で原爆のため父母姉1人弟2人を失った。そして7歳の時神奈川区[redacted]の叔母に引き取られた。中学卒業後東京[redacted]でセルロイド工場経営の叔母に引き取られ、女中代りをしていたが、昨年3月姉のところに行き、1月中旬横浜の叔母方のところにもどったが、そこを家出してフィリッピン人のオンリーとなったが、3月中旬相手が帰り、以後一定の住所を持たず外人相手の街娼をしている。[53]

「オンリー」「街娼」（展示の写真と同一人ではない）といった当時一般の社会から軽蔑され排除された人が、東京大空襲で焼け出され疎開した広島で原爆に遭い、家族の大半を失って転々と流浪せざるを得なかった戦争被害者であることに気づかされ、そして他の同様な女性たちにもそうした不条理で非情な過去があったであろうことをわれわれに想像させる。この展示は写真家の鋭い感性で切り取られた一瞬を、文書資料によって歴史的な背景のなかに、つまり歴史的空間のなかに位置づけて理解させるのである（図3－6）。

（3）「焼け跡に手を差しのべて」

こうした手法は、すでに二〇一六年一〇月に行われた同館展示「焼け跡に手を差しのべて――戦後復興と救済の軌跡」でも採用されている。これは引揚者や戦災者、戦争孤児など弱者救済を行った横浜の人々の取り組みについて紹介するもので、一九四八年時点で神奈川県には戦災孤児五五三人、引揚孤児二七五人、一般孤児一四三八人、棄迷児二二〇人など合計二四八六人のほか、親戚などに保護されまたは自活していた子どもが一八三一人、施設で保護されていた六五五人いた。[54]

展示では恩賜財団神奈川県同胞援護会、神奈川県匡済会、キリスト教児童福祉会聖母愛児園、光風会のばら園、乳児保護協会、白峰会高風子供園など、数多くの社会福祉法人の文書資料と写真約一二〇点のパネルによって、この時代の困難な環境で生きた児童たちへの支援の軌跡が克明に跡づけられた（図3-7）。

図 3-7　米軍主催のパーティに呼ばれた高風子供園の園児たち
（出典：『焼け跡に手を差しのべて』横浜都市発展記念館，43 頁）

戦争被害の子どもたちに手を差しのべた人びとは多様であった。一九四六年二月全国に先駆けて横浜を訪れた昭和天皇が稲荷台の戦災者住宅を見舞う姿は人間天皇を象徴的に示すものと同時に、様々な団体有志者の救済活動を後押しするものであった。以下、県匡済会を中心に一一団体が結成され、外地からの引揚者の保護を担った総合施設金沢郷、戦争孤児を保護した社会事業・教育家の平野恒や黒川フシ、奥村も創設に関わった日本厚生団とボーイズホーム、知的障害を持つ孤児を保護した乳児保護協会、海外からのララ物資やCAREパッケージ運動、「混血孤児」を保護した聖母愛児園の活動が紹介される。

聖母愛児園は、「進駐軍との交際」によって生み出された「罪なき子」の保護を目指して一九四六年九月山手で創設され（初代園長ロエンヌ・アンナ・マリー）、一九五五年にはローマ教皇の支援を得て大和市にファチマの聖母少年の町（ボーイズタウン）を設立し学齢期に達した男子を収容した。

その間に保護した混血児は三九〇名、養子として送り出したのは九四名であったという。また知的障害を持つ孤児を保護した光風園（神奈川区）の活動には、キャンプ座間の将校たちが運営費などの支援をしていたことも明らかにされている。[55]孤児をめぐって天皇から地元有志者など様々な人びとが関わり、またアメリカや占領軍が支配者・抑圧者であったばかりではなかったことを知ることができる。

前述の展示同様、行幸した天皇の写真には奉迎した横浜市長半井清の文書（横浜市史資料室所蔵）から予定された「御順路」、市長が天皇に戦災の状況を奏上した「横浜市一般説明御説明」が付され、焼け跡をみる天皇に伝えられた庶民の姿が具体的に示されている。また戦争孤児を受け入れた高風子供園の写真には、園から成長した男子を育てるために設置した分園「少年の町」が市外の建設予定地の自治会から反対運動を受け、結局市内の小学校と直営の学校に通学することになったことを示す文書（カトリック横浜司教区所蔵）が配され、ここから、孤児を忌避する地域住民の感情をみることができる。「戦争被害者」という弱者に焦点をあてて占領期横浜の都市空間を再現したこの展示は、「異文化間の交わり」が占領・アメリカ／被占領・日本という構図だけでは捉えられない複雑な様相を持っていたことを示している。

おわりに

マイク・モラスキーは敗戦後の代表的な風景が「焼け跡と闇市」であるならば、この時代を最も象徴する人物は「駅周辺を放浪する戦争孤児と帰還兵、そして夜の街角に立つパンパン」であるとした[56]。横浜都市発展記念館の二つの展示は、そうした占領支配者と市民社会の間に生きる第三の空間の風景と人物を、すぐれた写真と貴重な文書資料を組み合わせることによって現在に再現した。戦争と占領がこうした勝者／敗者、アメリカ／日本といった軸では捉えきれない様相を持ち、結果としてだれにどのようなことをもたらすのか、現在のわれわれに考えさせることによって「占領期の記憶」は継承されるのではないか。

これらの展示は、戦争や占領を記録した会の活動や「市史Ⅱ」などの学術的研究の成果を継承し、関連団体や個人から協力を得て実現した成果でもある。占領期の記憶の継承は、こうした活動の蓄積と発展のなかでなされてきた。横浜の資料館や博物館は、「近代横浜の記憶装置」[57]を理念に掲げている。そうした「記憶装置」を十全に活用することが、占領期都市の記憶の継承にとって不可欠であると思われる。

註

（1）『ヨコハマ　五重苦をのり越えて横浜は生きている』横浜市市民局、一九八三年。
（2）今井清一『大空襲5月29日——第二次大戦と横浜』有隣堂、一九九五年、九八、九九頁。大西比呂志「太平洋戦争期の市政と軍事」『横浜市史Ⅱ』第一巻下、横浜市、一九九六年、四七〇頁。
（3）死者四八三二人、負傷者一万七九六七人（神奈川県公文書館所蔵「昭和二十一年空襲被害状況調」）や、死者

だけで七〇〇〇人～八〇〇〇人という数値もある。東野伝吉『昭和二十年五月二十九日――横浜大空襲の記録』講談社、一九七三年、一四七頁。

（4）前掲今井、一二九、一三〇頁。

（5）羽田博昭「横浜の空襲」『市史通信』第二二号、一九頁。

（6）高村直助『都市横浜の半世紀』有隣堂、二〇〇六年、八六頁。

（7）荒敬「連合国軍の横浜上陸」『横浜市史Ⅱ』第二巻上、横浜市、一九九九年、一一〇―一一六頁。

（8）羽田博昭「横浜における進駐・占領」『横浜市史資料室紀要』第二号、二〇一二年三月、一〇〇、一〇一頁。

（9）『朝日新聞』神奈川版、一九四五年八月二八日。

（10）横浜の空襲を記録する会『横浜の空襲と戦災5　接収・復興編』、横浜市、一九七七年、八一頁。

（11）「横浜市内の米軍施設（占領期）」『占領軍のいた街――戦後横浜の出発』横浜市史資料室、二〇一四年。

（12）前掲大西、一三八頁。

（13）横山裕・谷地由江・岸隆幸「横浜市における米軍接収地の変化に関する研究」『土木計画学研究・論文集』一五巻、一九九八年、六四頁。

（14）横浜市政策局基地対策課ホームページ。

（15）斉藤秀夫「空襲・戦災の記録運動」『横浜の空襲を記録する会34年の記録』二〇〇四年、一頁。

（16）前掲今井、一〇七頁。

（17）大西比呂志・栗田尚弥・小風秀雅『相模湾上陸作戦――第二次大戦終結への道』有隣堂、一九九五年。

（18）大西比呂志「講演要旨『横浜市史Ⅱ』の頃――市政関係を中心に」『横浜市史資料室紀要』第三号、二〇一二年。

（19）例えば自治体史の成果として、『茅ヶ崎市史現代2　茅ヶ崎のアメリカ軍』茅ヶ崎市、一九九五年、『呉市史第八巻』呉市、一九九五年、千田武志『英連邦軍の日本進駐と展開』御茶の水書房、一九九七年、『山口県史　現代3　言論・文化：プランゲ文庫』山口県、二〇〇四年、『占領下の横須賀――連合国軍の上陸とその時代』横須賀市、二〇〇五年などがある。このほか東谷護『進駐軍クラブから歌謡曲へ――戦後日本ポピュラー音楽の黎明期』（みすず書房、二〇〇五年）は、進駐軍クラブでの日本人の音楽活動が「戦後日本のポピュラー音楽文化の基盤」となり、

「戦後日本のアメリカナイゼーションの根幹」をなしたことを明らかにしている。
(20) 羽田博昭「横浜の戦争と戦後」『市史通信』三号、二〇〇八年一一月、「横浜のマッカーサー」同八号、二〇一〇年七月、「占領下の米軍施設(1)(2)」同一一号、一二号、二〇一一年七月、一一月、「占領軍のいた街」同一四号、二〇一二年七月、「横浜に暮らした占領軍高級将校たち」同一七号、二〇一三年七月、「横浜の空襲」同二二号、二〇一五年三月。
(21) 前掲羽田「横浜における進駐・占領」九六、九七頁。
(22) 栗田尚弥編著『米軍基地と神奈川』有隣堂、二〇一一年に所収。
(23) 坂本義和『人間と国家――ある政治学徒の回想(下)』岩波新書、二〇一一年、六八―七二頁、天川晃「一九七〇年前後の占領史研究とその周辺」『参考書誌研究』第七七号、国立国会図書館、二〇一六年三月、五七―五九頁。
(24) 天川晃・増田弘編著『地域から見直す占領改革――戦後地方政治の連続と非連続』山川出版社、二〇〇一年。
(25) 占領期の文学作品を渉猟しているのは、マイク・モラスキー編『闇市』新潮文庫、二〇一八年、同『街娼 パンパン&オンリー』皓星社、二〇一五年であるが、その中に横浜を舞台にした作品はみあたらない。
(26) マイク・モラスキー『新版占領の記憶 記憶の占領――戦後沖縄・日本とアメリカ』岩波書店、二〇一八年、三五四、三五五頁。
(27) 牧村健一郎『評伝獅子文六』筑摩書房、二〇一九年、二〇二頁。
(28) 八木義徳「ヨコハマ」『婦人公論』三八巻七号、一九五二年七月、一二四、一二五頁。
(29) 奥野健男「解説」『山本周五郎全集』第八巻、講談社、一九六三年、三七一頁。
(30) 伊豆利彦「戦後の横浜と文学」『横浜と文学』横浜市立大学、一九九二年、一一〇、一一三頁。
(31) 上山和雄「戦後の商業」『横浜市史Ⅱ』第二巻下、二二六―二二八頁。
(32) 松葉好市『横濱物語 聞き書き』二〇〇三年、ホーム社、三〇、三一頁。
(33) 伊奈正司『やけあと闇市野毛の陽だまり――新米警官がみた横浜野毛の人びと』ハーベスト社、二〇一五年、一四頁。
(34) 前掲高村、八六頁。

(35) 山本武利監修『占領期生活世相誌資料1　敗戦と暮らし』新曜社、二〇一四年、一一九、一二二頁。
(36) 前田一男「占領・復興期の青年像と子ども像」『横浜市史Ⅱ』第二巻下、六一六頁。
(37) 前掲上山、二二九、二三〇頁。「野毛坂マーケット」①—④、大谷一郎『野毛ストーリー』神奈川サンケイ新聞社、一九八六年、二三—三〇頁。
(38) 「ヨコハマの日本人町——野毛町ルポルタージュ」『目撃者の証言』高見順編、青銅社、一九五二年、一三六、一四〇頁。
(39) 山本武利監修『占領期生活世相誌資料2　風俗と流行』新曜社、二〇一五年、二三頁。
(40) 若林幹夫「空間・近代・都市——日本における〈近代空間〉の誕生」吉見俊哉編『都市の空間都市の身体　21世紀の都市社会学4』勁草書房、一九九六年、一三頁。
(41) ジョン・ダワー『敗北を抱きしめて——第二次大戦後の日本人』上、岩波書店、二〇〇一年、六頁。
(42) 「奥村泰宏氏年表」『戦後横浜に生きる——奥村泰宏・常盤とよ子写真展』横浜都市発展記念館、二〇一八年。
(43) 「あれから30年——ハマ写真家集団30年史」『市民と学習』九号、一九七九年、八四—八六頁。
(44) 常盤とよ子「女カメラマンの生活と意見」松田ふみ子編『女性の幸福——私の生活と意見』東西文明社、一九五八年、八一頁。
(45) 奥村の社会福祉事業への取り組みは「占領下の市民生活」『季刊横浜学』第一号、一九八八年に詳しい。
(46) 奥村泰宏・常盤とよ子『横浜再現　戦後50年——二人で写した敗戦ストーリー』平凡社、一九九六年、一九頁。
(47) 「常盤とよ子さん訪問記」『女性教養』一九六〇年六月、二五七号、一七頁。
(48) 占領期横浜を写した写真としては、アメリカ国立公文書館のほか、個人提供として赤堀末雄、池田義夫、上平顕三、佐川弥一、下防徳次郎、長谷川俊雄、原島真一、三枝国雄、三橋松太郎の資料がある。報告書『占領軍のいた街——戦後横浜の出発』（横浜市史資料室、二〇一四年）に詳しい解説がある。またアメリカ人が写したものとして、一九四六年一〇月横浜に進駐した婦人部隊所属のメアリー・ルジェーリの写真コレクションがある。拙稿「アメリカ女性下士官が撮した占領下の横浜」『国際交流研究（フェリス女学院大学）』第一六号、二〇一四年三月。
(49) 同館によると内容は、紙焼き写真二〇七八点、ネガケース七五七個、関連雑誌・文献八七点、記念品三点、カメラ・レンズ二一個である。この展示の学術的背景をなす研究に、西村健「戦後横浜の社会福祉事業——引揚者、浮浪児、戦争孤児、「混血孤児」の保護を中心として」『横浜都市発展記念館紀要』第一二号、二〇一六年、同「戦後横浜の戦争孤児を保護した民間児童養護施設」同、第一三号、二〇一七年がある。

(50) 上田誠二「敗戦の街・赤線の街に佇んで」『歴史評論』二〇一九年一一月、八三五号、八五、八六頁。

(51) いのうえせつこ『占領軍慰安所——国家による売春施設　敗戦秘史』新評論、一九九五年、小林大治郎・村瀬明『新版国家売春命令』雄山閣、二〇一六年。

(52) 平井和子「「婦人保護台帳」に見る売春女性たちの姿——神奈川県婦人相談所の記録から」『総合女性史研究』総合女性史研究会、二六号、二〇〇九年三月、四二頁。

(53) 『戦後横浜に生きる——奥村泰宏・常盤とよ子写真展』横浜都市発展記念館、二〇一八年、七三頁より引用。

(54) 前掲西村「戦後横浜の戦争孤児を保護した民間児童養護施設」二三頁。

(55) 同右、一三—一五頁。

(56) マイク・モラスキー『新版占領の記憶　記憶の占領——戦後沖縄・日本とアメリカ』岩波書店、二〇一八年、二〇〇頁。

(57) 横浜開港資料館ホームページより。

＊　本稿をなすにあたり横浜市史資料室の羽田博昭氏、横浜都市発展記念館の西村健氏に種々ご教示いただいた。記してお礼申し上げます。

神戸・阪神間における占領と都市空間

村上しほり

一　戦災都市の空襲と戦後

神戸・阪神間では、第二次世界大戦後に始まる「占領」を考えるにあたり、空襲被害の影響を看過することはできない。当時、日本一の生産高を誇った阪神工業地帯への徹底的な空襲に止まらず、市街地を対象にした無差別焼夷弾爆撃による被害も大きく、神戸市、芦屋市、西宮市、尼崎市は第二次世界大戦の戦災都市に指定された。

(1) 神戸市域の甚大な空襲被害

神戸市は一九四五年上半期に一二八回もの空襲を受けた。同年三月以降にはひときわ大きな被害を

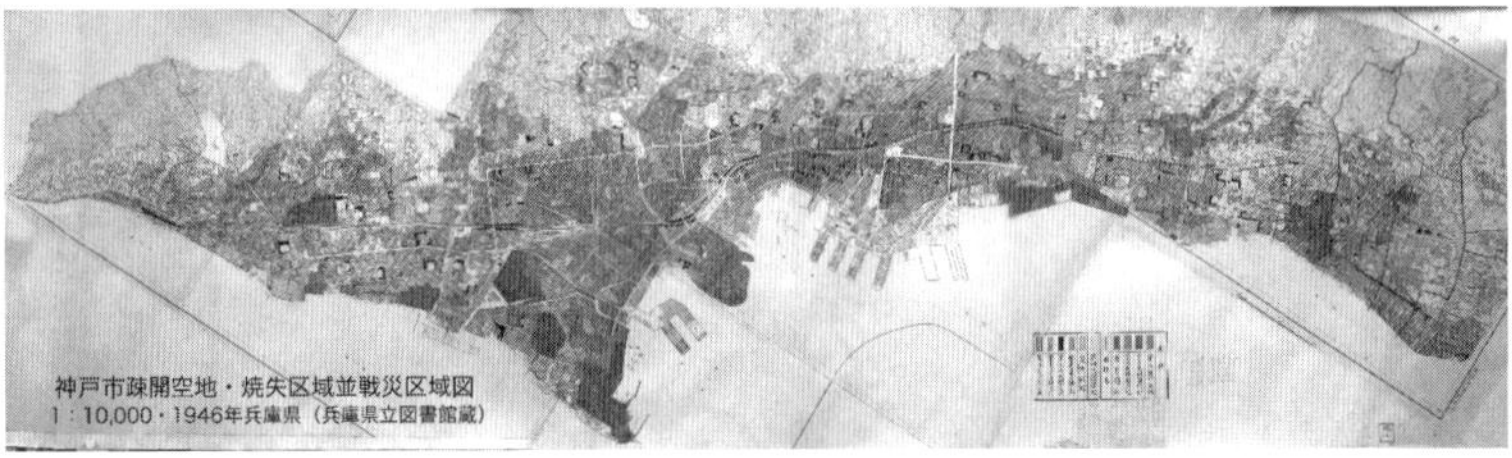

図 4-1　「神戸市疎開空地・焼失区域並戦災区域図（1:10,000）」，兵庫県，1946 年（兵庫県立図書館所蔵）

及ぼす爆撃が始まった。三月一〇日の東京大空襲、名古屋、大阪に続いて、同月一七日未明に神戸市内の兵庫区・旧林田区・旧葺合区等への無差別焼夷弾爆撃が実施された。五月一一日には現東灘区の航空機工場を目標とした灘区・現東灘区の東神戸への精密爆撃、六月五日には垂水区から西宮市まで広域に及ぶ無差別焼夷弾爆撃が実施された。大空襲による神戸市域の罹災状況（図４－１）は、罹災家屋数一四万一九八三戸、罹災者五三万八五八名、死者七四九一名、負傷者一万七〇一四名に及び、従前戸数約二一万戸の六〇～七〇パーセントが罹災した。

（２）防空対策と戦災ビル

戦争によって強いられた住まいの移動の要因は空襲だけではない。戦中の建物疎開によって、市街地における重要施設や新築のＲＣ造建築の周囲には疎開空地が設けられた。神戸市においては五次にわたる建物疎開が行われ、一九四五年一月二〇日に第三次建物間引疎開が三一一カ所で実施された。また、焼夷弾のリスクが目前に迫った一九四四年一〇月以降、それらの空地には代用資材を使用した開放式の簡易貯水槽が多数設置された[1]。この貯水槽の型式は各都市によって異なり、神戸市と横浜市は同様に、天然凝結土に石灰を混ぜて張立てた敲土式が採用された。

結果的に、焼け野原と化した市街地においても、大正・昭和初期に建てられた旧居留地ほかの堅牢なRC造建築や、昭和初期に建てられた鉄道高架橋や駅舎は焼け残った。しかし、戦後間もない一九四五年九月上旬には、三宮・元町・神戸といった神戸の中心市街地に残された戦災ビルに占領軍接遇施設を設置する計画が『神戸新聞』記事で報じられる[2]。そして、占領軍が神戸に進駐を始めた同年九月二五日以降は、三宮の旧そごう（現阪急）百貨店や元町の大丸百貨店、旧居留地に残るビルの多くが接収されて、日本人が使えない状況となった（図4－2）。

（3）阪神間の空襲被害

芦屋市域では、五月一一日、六月五日、一五日、八月五日夜半から六日の四次にわたる空襲を受け、このうち八月六日の被害が最大であった（図4－3）。戦災家屋数三〇五四戸、罹災者一万八一七一名、従前戸数の四三パーセントが罹災した。

西宮市域では、五月一一日、六月五日、一五日、七月二四日、八月五日夜半から六日の五次にわたる空襲を受け、八月六日の被害が最大であった（図4－4）。全焼全壊は約一万五三〇〇戸、罹災者六万六五〇〇名、当時の市域面積の一八・四パーセントが罹災した。

尼崎市域では、三月一九日、六月一日、一五日、七月一〇日、一九日、八月一〇日など八次にわたる空襲を受け、六月一日と一五日の被害が最大、当時の市域面積の一三・四パーセントが罹災した。

図 4-2　接収されたニッケビル屋上からPXとなった大丸百貨店とトアロードを望む（アメリカ国立公文書館所蔵）

図4-3　第一復員省資料課「戦災概況図蘆屋」1945年12月（国立公文書館所蔵）

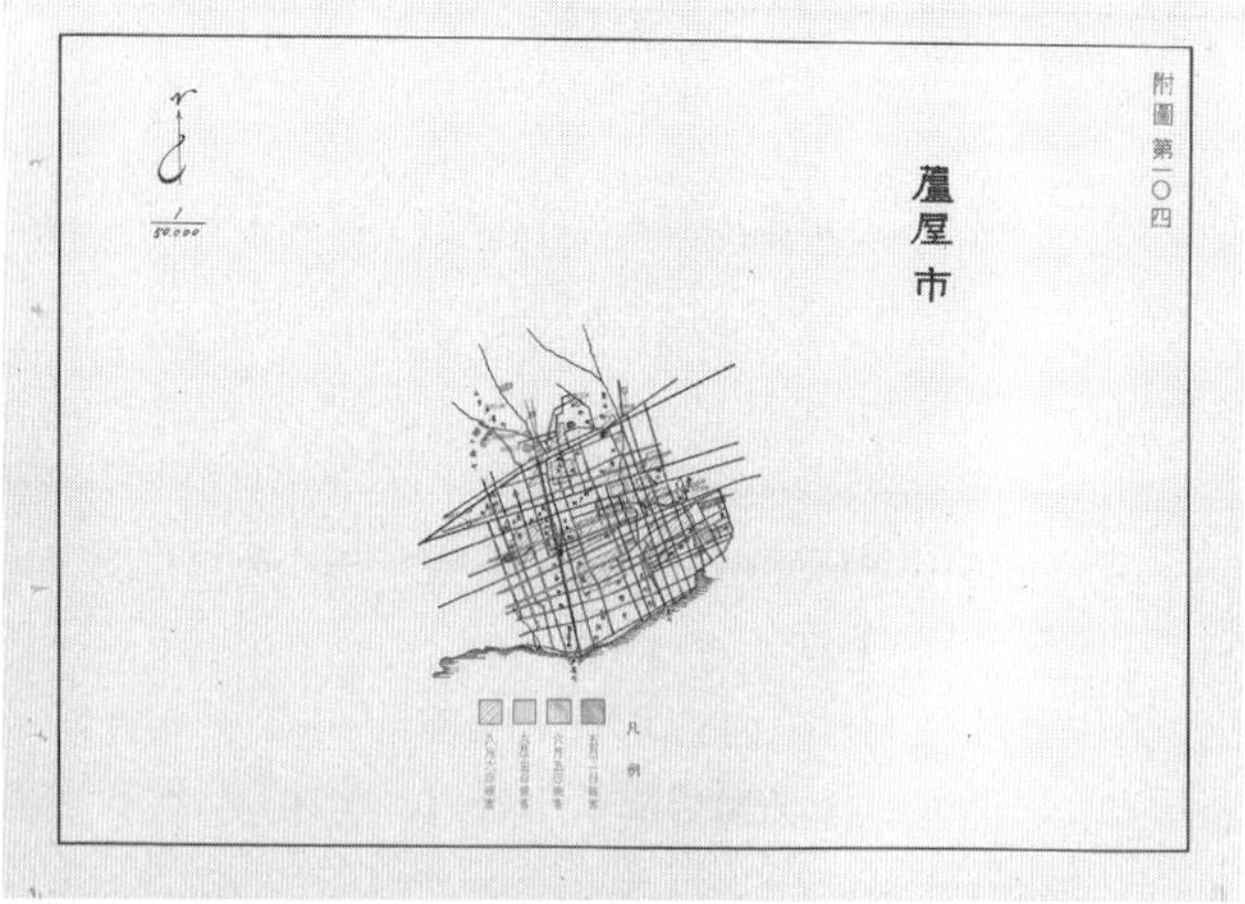

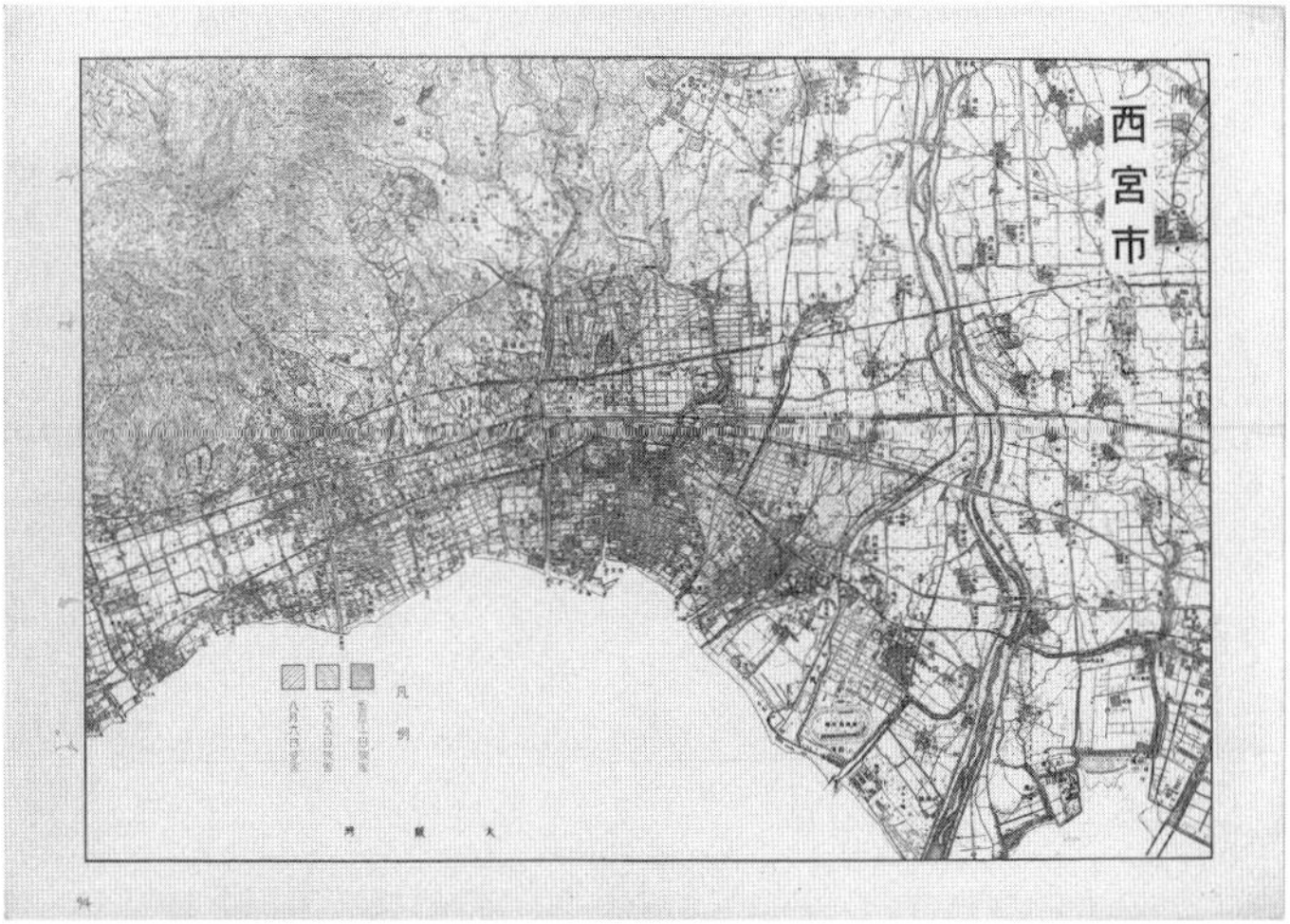

図 4-4　第一復員省資料課「戦災概況図西宮」1945 年 12 月（国立公文書館所蔵）

図 4-5　第一復員省資料課「戦災概況図尼崎」1945 年 12 月（国立公文書館所蔵）

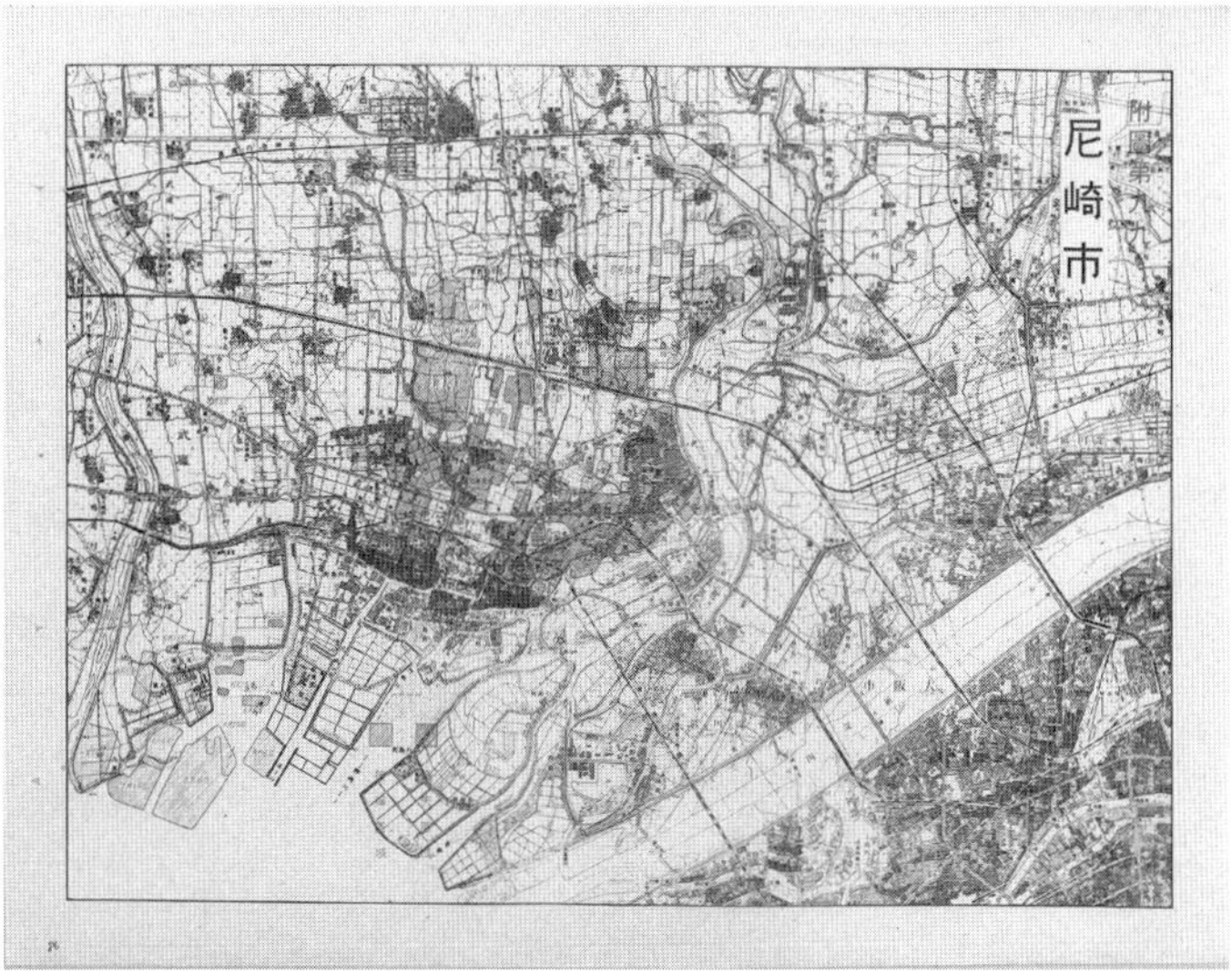

臨海工業地帯の罹災は比較的軽微なものに止まり、主として住工混在地域や商業地が大きな被害を受けた（図4－5）。

五月一一日の空襲は現・神戸市東灘区青木地区の川西航空機甲南製作所を第一目標とした通常爆弾攻撃で、わずか一〇分の間に芦屋・西宮市域も大きな被害を受けた。六月五日の空襲も神戸市東部への焼夷弾攻撃が西宮市まで被害を及ぼした。六月一五日は大阪及び尼崎の市街地が目標とされ、西宮と尼崎にも焼夷弾の一部が落ちた。八月六日未明も御影から西宮の市街地に焼夷弾攻撃が加えられ、御影、芦屋、西宮の全市街地の約三割に損害を与えた。

なお、罹災状況は被害を受けた自治体ごとにまとめた情報に依拠することから空間認識も行政区分によって分断されがちである。しかし、明治期より鉄道で繋がれた神戸・阪神間から大阪にかけては、いつの時期も人や物資の移動が頻繁であったことに特徴がある。大正から昭和初期にかけてこのエリアに築かれたライフスタイルの「阪神間モダニズム」にとどまらず、戦争や占領や震災についてもまた多少の差異を孕んで重なり合う共通した経験を持っており、一体に捉えることが望ましいだろう。

二　神戸・阪神間における占領の始まり

（1）連合国占領軍による進駐と接収

戦後、東京都にＧＨＱ／ＳＣＡＰ総司令部、神奈川県に米第八軍司令部が置かれ、首都圏が連合国軍の進駐の中枢機能を担うこととなった。一九四五年九月二五日の和歌山港への上陸によって米第六軍の関西地方への進駐が始まった。和歌山市の二里ヶ浜に米軍の大型輸送船が上陸し、二週間で一万一〇〇〇人の兵員が神戸をはじめとする兵庫県下にも鉄路と道路を用いて展開した。

西日本占領の上位部隊であった第六軍は一九四六年一月に動員解除となり、第八軍の占領下に変更となる。同月以降、東日本は第八軍第九軍団、西日本は第八軍第一軍団によって統括されることとなり、前者は仙台、後者は京都に司令部が置かれた。第一軍団には第二四歩兵師団と名古屋から移駐した第二五歩兵師団が置かれ、第二四師団は小倉から福岡を中心に、佐世保、熊本、別府に下位部隊を、第二五師団は大阪エリアを中心に、奈良、岐阜、大津に下位部隊を展開し、中四国は英連邦軍が占領することとなった。

また、一九四六年一月から四月に米軍兵站基地が相次ぐ閉鎖となり、二月一日の呉基地、四月一日の名古屋基地、四月一五日の九州基地の閉鎖によって、神戸基地には名古屋から二五〇〇名、九州から二八〇名と大規模な兵力の移動が見られた。

（2）一九四九年の KOBE BASE における接収物件・土地の分布

「神戸基地（KOBE BASE）」という名称からは、現在の神戸市内の市街地のみを想定してしまい、範囲を明確に捉えることが難しい。神戸基地司令部が一九四九年一一月に作成した接収を受けた物件・土地を示した地図である「KOBE BASE AREA」（図4－6）が近年神戸市文書館で発見されたことから、

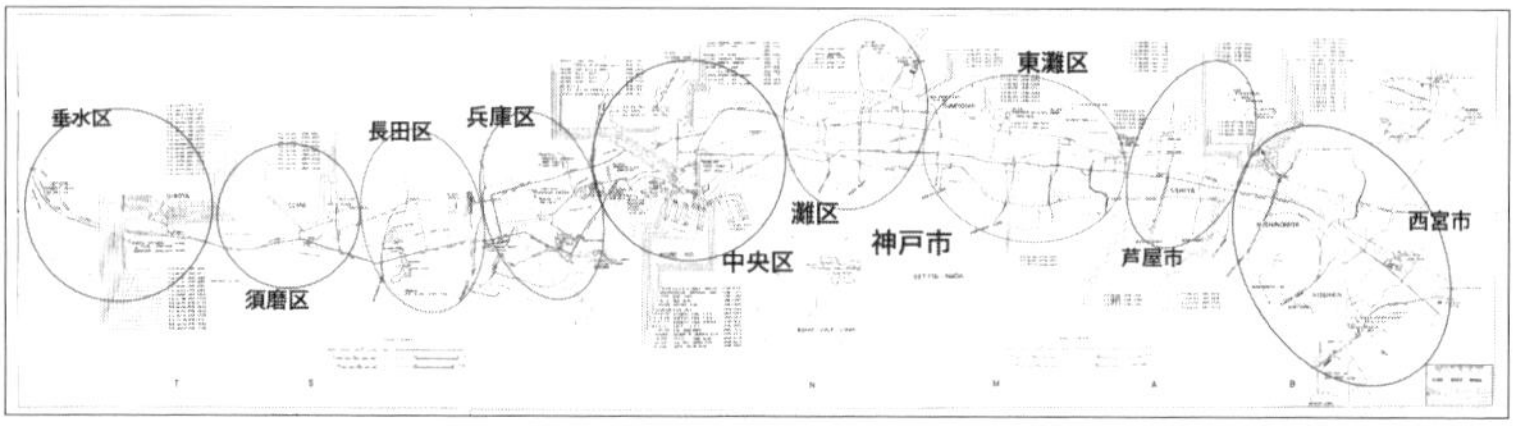

図 4-6 「KOBE BASE AREA MAP」（神戸基地司令部，1949 年 11 月，神戸市文書館所蔵）に筆者加筆

「神戸基地」とは北の六甲山系と南の大阪湾に囲まれた神戸市から東の芦屋市・西宮市等の阪神間一帯に跨るエリアであることが判明した。前述した通り、この神戸・阪神間エリアは六月五日の空襲等においても一帯が罹災しており、日本側の行政区分と連合国占領軍の空間認識のギャップが、このエリアにおける空襲と占領の経験をより掴みにくくしていると言えよう。

このマップから読み取れる特徴を東から西へと概観してみる。東端は武庫川に始まり、さらにそれを東へ越えた尼崎市の扶桑金属ビルや、神崎川を東へ越えた大阪市のＪＲ御幣島駅付近のアイスクリーム工場も接収物件を示すために別枠で記載されていた。西宮市では甲子園ホテルや甲子園球場、鳴尾浜、夙川沿い山手のエリアなどにも複数の物件が見受けられた。

芦屋市域では一九五〇年時点で二五件の接収物件が見られた。これらについて国立公文書館蔵の「調達要求書」から接収開始時期、住所と規模、所有者等を確認したところ、接収物件が多く位置したエリアは山手町、六麓荘、平田町、打出春日町、山芦屋、西山町等であった。その大半が戦災を免れた個人の邸宅で、著名な建物として滴翠美術館（旧山口吉郎兵衛邸）、かつて六麓荘にあった芦屋国際ホテルが見られた。また、同時期の芦屋市警察による報告からは、芦屋市に「神戸駐屯の進駐軍司令官の官邸を始め高級幹部の官舎」が三〇件に及んで点在していたことや、欧米人・中国人・韓国人のバイヤーの転入が急激に増えていたことへの言及が見られた[3]。これは、大規模な戦災を受けた神戸市域では高級幹部に提供し得る邸宅が足りないために、東部に隣接していた武庫郡（一九五〇年合併、神戸市東灘区となる）や芦屋市域にその不足が求められた状況を示しているとともに、同年の国際文化住宅建設都市法の実現によって「国際文化住宅都市芦屋」を目指す素地が占領下に生じていた状況をも読み取れる。

図 4-7　神戸市灘区の六甲ハイツ，1948-49 年頃（衣川太一氏提供）

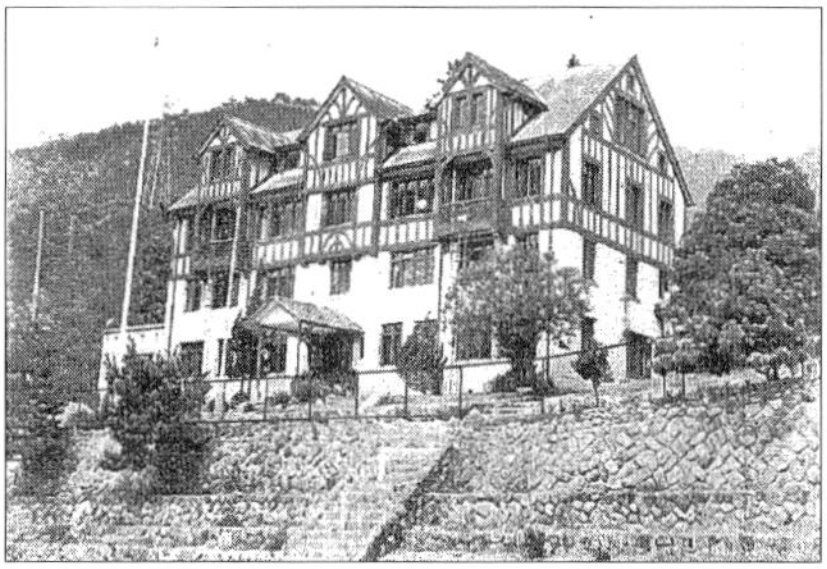

図 4-8　接収されたグロスターハウス，1947 年（出典：『オリエンタルホテル三十年の歩み』株式会社オリエンタルホテル，1956 年）

神戸市域では、東灘区の岡本や住吉・御影山手にも住宅を中心に多くの接収物件が見られた。灘区には、現在神戸大学の六甲台第二キャンパスになっている新築接収住宅の「六甲ハイツ」（**図 4-7**）が置かれた。また、その西に位置する長峰山

図4-9　武庫離宮跡に置かれたKobe Rifle Range（アメリカ国立公文書館所蔵）

にW・M・ヴォーリズの設計で一九三三年に竣工していた旧カナディアンスクールの寄宿舎「グロスターハウス」（図4-8）が接収された。一九四七年六月から一年余りは英連邦軍のうちオーストラリア軍のレストホテルとして接収を受け、英連邦軍の撤退後には講和発効直前の一九五二年三月まで米軍が使用し[4]、返還後の同年九月より学校を再開した。

　中央区には、三宮から元町を中心に旧居留地の焼け残った近代建築が接収され、神港ビルディングに神戸基地司令部、三宮南には複数部隊の駐留したイースト・キャンプが置かれたほか、神戸港関連施設も立入禁止とされ、百貨店や山手のホテル（旧トアホテル、富士ホテル等）や個人住宅、公共施設など数々の接収物件が密集した。また、兵庫区東部の新開地には、黒人兵の駐留したキャンプ・カーバーの設営、劇場・映画館であった聚楽館の接収、神戸駅南に貨物専用モータープールの設置などが見られた。

　神戸港は終戦に伴い日本倉庫統制株式会社が解散したのち、神戸港の主要施設として、新港第一〜第六突堤、中突堤、兵庫第一・第二突堤等、三井、住友、三菱、川西等の臨港倉庫の大半が接収された。神戸港の接収解除は一九四六年六月一日の税関再開に続く同年一一月二二日の兵庫突堤基部の接収解除に始まる。突堤に関しては、一九四七年二月に兵庫第一・第二突堤、一九五〇年四月には新港第五・第六突堤、一九五二年三月にメリケン波止場、新港第四突堤が接収解除となった。その後も続いた接収が全面解除となるのは一九五二年二月のことであった。

長田区では、市民運動場（現在の西代蓮池公園）の接収や、尻池の重整備工場の設置のみで、住宅の接収は見られなかった。須磨区では、山手に位置した武庫離宮跡が射撃場「KOBE RIFLE RANGE」（図4-9）として整備され、南に続く離宮道あたりの邸宅を中心とした接収を受けた。

垂水区の青山台・塩屋町あたりでは昭和初期に英人貿易商アーネスト・ウィリアム・ジェームスが住宅開発した「ジェームス山」の建築群が将校家族向け住宅として接収を受けた。また、一八九四年に舞子に建設された有栖川宮別邸を一九一七年に住友家が譲り受けた迎賓館も、終戦直後に接収を受け、館内は洋式に改修された。一九五〇年の解除後はホテルトウキョウの支店となり、オリエンタルホテル、神戸市と経営主体が移り、現在はシーサイド舞子ビラ神戸として営業している。

（3）神戸・阪神間における接収の諸相

神戸・阪神間への進駐は一九四五年九月二六日に始まり、連合国占領軍の将兵の居住・労働施設の確保による戦災都市の市街地再建の圧迫を伴った。

旧外国人居留地と神戸基地司令部　神戸基地では、旧外国人居留地の神港ビルディングに中心となる神戸基地司令部が設置された。そして、司令部周辺の戦災ビルと港湾施設に止まらず、戦中の建物疎開や戦災によって生じた空地等の業務目的の大規模な接収が見られ、接収された建物の入口には英語表記の看板が取り付けられた。さらに、進駐開始から一カ月頃の『神戸新聞』記事によると、街路にも「通り」(Avenue)、「筋」(Street)と記した、黄色に黒縁で塗られた木製の標識が付けられ、阪神国道は「テキサス・アベニュ」、山手幹線は「オレゴン・アベニュ」であったという。[5]

旧居留地の北西角に位置する百貨店である大丸神戸店は、進駐初日から臨時宿舎として用いられた。調達命令が出た後、一九四六年四月二〇日に改めてPX(Post Exchange. 米軍内の売店)として接収されることが決まり、一九五二年六月三〇日まで長きにわたって接収を受けた。新館の地階、一階から三階という販売高の多い場所で客用エレベーターや荷物用エレベーターの大半も接収され、営業は大きく圧迫された。PXとして用いられる前の臨時宿舎の時期に兵士が撮った写真(図4-10)には、大丸東側の路上に集合する兵士たちやその様相を眺める日本人の子どもの姿などが見られる。

旧居留地の大丸神戸店の東向かいに位置したニッケビル(図4-11、12)は、一九四五年九月二八日に第三三通信部隊が日本毛織株式会社に対して接収要求書を手交して接収が始まり、一〇月一〇日には同部隊が撤退し、神戸基地のスペシャルサービス部隊に属する赤十字クラブが用いることとなったという。[6] この向かい合う二棟の間の雑踏の写真は複数見つかっており、神戸基地内外の多くの兵士が買い物に訪れる場所であったため、記念に撮影されたことが推察される。

将兵家族住宅の六甲ハイツ　同時期には東西に広く罹災を免れた個人所有の住宅・邸宅やホテルを接収した将校宿舎の設置も始まった。一九四五年一二月からは湊川新開地と神戸駅間、新市街地の三宮駅南一帯を接収したキャンプが設置された。一九四七年一一月には、灘区の旧・神戸経済大学を接収して建設された占領軍将兵家族住宅（Dependent Housing，以下「ＤＨ」とする）「六甲ハイツ」が設置された。一九四六年三月六日にＧＨＱから日本政府へ年内に二万戸のＤＨを建設するよう要求があり、資材不足のため計画は遅れながらも一九四七年から四八年にかけて建設が進められた。最終的には全国約一万二〇〇〇～三〇〇〇戸が準備され、うち新築が七割を占めた(7)。神戸地区の接収住宅は兵庫県下の七割以上を占め、うち新築の代表例が灘区六甲台町を中心とした六甲ハイツであった。「六甲ハイツ」は現在の神戸大学六甲台第二キャンパスの文理農学部（二三万平方メートル）を中心にした地区に建設された。既存の神戸経済大学（神戸大学の前身）の施設も接収対象に含まれ、一九四六年六

図 4-10　大丸百貨店前（東側）に集合する兵士，1946 年（衣川太一氏提供）

図 4-11　大丸神戸店と東向かいのニッケビル，1946 年（Harvey B. Arndt 撮影，Gerald C. Arndt 所蔵，佐々木時男氏提供）

図 4-12　同所にて筆者撮影，2018 年

～七月に交渉が行われたが、テニスコート、プール、講堂、運動場が接収された。一九五八年一月に返還された際、大阪調達局は同地区の住宅等一二八棟、延九五〇〇坪の建物について、撤去を条件に競売入札に付した。また、返還地は、国有地九〇〇余坪（大学施設部分）、県有地三万一〇〇〇坪、民有地三万三九〇〇坪（所有者二七人）であったとされるが、駐留軍が自由に道路などを建設したため、元の境界線はわからなくなってしまったという。

福利厚生施設の運動場・球場　一方、福利厚生を目的とする施設として、長田区の市民運動場や西宮市の甲子園球場も早期から接収を受けた。長田区の市民運動場は一九三二年に蓮池を埋め立てて竣工した。蓮池は行基が掘らせたとも伝えられた大きなため池で、昭和初期まで付近の田畑を潤したが、宅地化に伴う水利の需要の減少から埋め立てられることとなった。大正天皇の御大典記念事業に伴い整備された同運動場は、神戸市のスポーツの中心地になった。戦後、一九四六年から一九五二年まで接収を受けた際の調達要求書を見ると、用途は野球、陸上、水泳、飛び込みプールであったことがわかる。接収解除後は再び市民運動場として利用されたが、阪神・淡路大震災後の一九九八年にスポーツ施設の統合整理によって野球場やプールを廃止し、県立体育館が建て替えられ、西代蓮池公園が竣工することとなった。その要因には、スポーツ施設の老朽化、震災被害と周辺の復興区画整理、阪神高速の新線建設などが影響したと見られる。

また、西宮市の甲子園球場（**図4-13**）も一九四五年一〇月三日から接収を受け、一九四七年一月一〇日に球場スタンドの接収解除を経るも、完全接収解除は一九五四年三月末と講和後に及んだ。用

図 4-13　空から見た甲子園球場と甲子園浜（衣川太一氏提供）

途と接収時期も多様で、まずは球場部分が接収されて兵営となり、折畳みのベッドが持ち込まれて炊事場が急造されたという[8]。そして、各地の進駐兵の体育指導要員を養成する学校として体育学校をつくり、ボクシングや野球を行い、プールを用いた。宿舎設置にあたっては球場直営の水道浄水地の存在が実地確認され、甲子園球場の接収と同時に国際庭球場、南運動場、鳴尾競馬場、阪神パーク跡など甲子園一帯がジープ、大型トラック、進駐軍で埋められたという。一九五四年に実施された阪神電気鉄道株式会社の戦前後をふり返る座談会によると、「西宮球場が接収されず、甲子園球場が接収されたのは、結局阪神国道をひかえて交通の便がよく、設備もととのい、進駐軍にとって理想的な環境であったからでし

ょう」と総括されている。(9)

三　占領期の神戸に関する記憶と記録

(1) 長きにわたって続いた接収

前述したように戦災都市であった神戸市においては、戦後、戦災復興に取り組もうとする局面であった一九四五年九月末より占領に伴う接収が始まった。罹災によって都市の既存ストックである転用可能な建築や土地がきわめて限られる状況下で、従前の中心市街地であった湊川新開地と昭和初期の鉄道整備から新市街地化を見せていた三宮のどちらにも、一九四五年一二月から翌月にかけて巨大なキャンプが設営された。

従前、興業街として栄えた新開地本通の北東側(兵庫区古湊通・西多聞通、生田区相生通ほか)、JR神戸駅との間の約一〇万平方メートルを占めたキャンプ・カーバー(図4-14)は黒人兵の宿営地であった。キャンプとなった一帯は罹災した多聞通商店街と有馬道商店街の一部を含み、それらの再建を阻んだ。JR三宮駅の南側(旧葺合区御幸通・磯上通・浜辺通の大部分、磯辺通の一部)、旧居留地から大通りを隔てて東側の約三一万平方メートルを占めたイースト・キャンプ(図4-15)は複数部隊の白人兵の宿営地であった。広大なこのエリアには従前、百数十軒も連なっていた小野中道商店街やいくつもの市場があった。これら二つのキャンプは最長一九五六年一二月まで接収を続けて、

図 4-14　新開地本通りに隣接して設置されたキャンプ・カーバー（国土地理院 USA-324-A-6-52（1946 年）に筆者加筆）

図 4-15　三ノ宮駅南部一帯に設置されたイースト・キャンプ（国土地理院 USA-M18-4-59（1948 年）に筆者加筆）

神戸市民の生活再建を妨げた。

神戸市では一九五二年から一九六二年度に、イースト・キャンプ跡地の税関前地区、キャンプ・カーバー（ウエスト・キャンプ）跡地の神戸駅前地区、スクラップ・ヤード跡地の切戸町地区の三区域を対象に接収解除地整備事業が行われた。このうち税関前と神戸駅前の範囲は実際のキャンプ跡に加えて隣接地を対象としており、七年間をかけて戦災からの生活再建を図ってきた周辺住民が遅れて始まった区画整理事業によって翻弄されたことを推察し得る。

（2）占領期の都市空間の記録

こうした占領期神戸の都市空間は、歴史編纂を進める過程で十分に検証されてこなかった。市史においても「戦災復興」「闇市」「占領」等のトピックは扱われているが、それらを網羅的、実証的に捉える研究もなく、よって神戸というまちが戦災を受け、その復興過程に占領にも遭ってきたという認識は世代間でほぼ継承されなかったと言えよう。たしかに連合国軍の中枢機能が置かれた東京都や横浜市と比べると、それ以外の地方都市では大した影響がなかったかのようにも見えてしまう。

しかし、全国のＤＨの連合国軍による調査記録から、一九四八年六月時点における連合国軍家族の世帯数のうち二〇〇世帯を超える大規模な占領が見られたのは、多い順に東京、横浜、立川、大阪、神戸、ジョンソン、横田、名古屋、京都の九地区と確認できている。[10] このうち桁違いの東京（世帯数不明、三三五〇戸）と横浜（一三〇一世帯、一七七八戸）を除いて、従前より都市的集積があったのは、大阪（三一七世帯、四〇五戸）、神戸（二六四世帯、三四七戸）、名古屋（二二四世帯、二七五戸）、京都（二〇七世帯、二四〇戸）である。つまり、全国的に見ても神戸は占領の影響が大きかった都市の一つであることは断定できよう。

それにもかかわらず、戦後の事実検証や解釈が進まないのは、これまでの県市における戦後の歴史的公文書や行政刊行物の保存・公開状況に起因していると言わざるを得ない。実際のところ、全資料目録が利用者に向けて公開されているわけではなく、自治体史編纂においても公文書の整理・解釈を基本とする姿勢をとるでもなく、要するに整備の遅れが否めない。一九九五年の阪神・淡路大震災による罹災が要因とも言われるが、その影響を前提とした現状を明確にするためにも、今後は目録整理と公開を要するはずだ。

その点、大阪市や横浜市の自治体史編纂においては、一九八〇年代後半以降に、戦時・占領下の記録の解釈が見られる。例えば大阪市では、大阪市史編纂所編『大阪市史史料』の『占領下の大阪Ⅰ』（一九八五年）、『占領下の大阪Ⅱ』（一九八九年）の二冊において、外務省所蔵史料である大阪連絡調整事務局「執務月報」と近畿連絡調整事務局「執務月報」の翻刻・解説が行われた。[11]『横浜市史Ⅱ』では「資料編1　連合軍の横浜占領」（一九八九年）において、大阪同様に終戦連絡横浜事務局（連絡調整横浜事務局）の「執務報告書」の翻刻・解説が行われた。[12]

事実を伝えるに不足する資料は他の資料保存機関において収集する、そして集めるに止まらず、翻刻・解説を自治体史編纂が担い、市民に伝えるというのは基礎的な営みである。そして、大阪と横浜のどちらもが一九八〇年代と日本の主権回復から約三〇年で進められており、複数の自治体においてほぼ同時期に占領期を対象とする資料収集が行われたことは興味深い。また、それらの背景を考えると、地道な公文書管理のシステム整備や資料収集・保存・公開機能への注力と継続に支えられていることがわかるだろう。

（3）戦争と占領を伝えるもの

大きな出来事があったことを後世に伝える記念物は、いつの時代にも建てられる。終戦後には、平和や復興を記念する施設・碑が日本各地に建てられた。神戸市では、戦災復興事業完了を記念した記念碑（図4－16）を一〇カ所に建立したが、戦災記念館は市民の要望も受けながらも実現せず、「神戸災害と戦災資料館」を神戸市HP上で公開している。市民の寄贈資料の写真や聞き取り情報を掲載して、毎年夏に神戸市中央図書館の一階で実物やパネルを展示しているが、資料の収集や聞き取り等の調査を続けるためには、バーチャルのみに止まらずフィジカルかつ継続的な保存管理と利活用を可能にする体制が望ましい。

一方、西宮市では、市民の寄贈した戦争関係資料を展示し、「戦争の悲惨さや平和の尊さを学び、次の世代に語り継いでいく」施設として、二〇〇二年に「西宮市平和資料館」（図4－17）を開設した。市民の視点からの展示をコンセプトとして、①戦争への道程・開戦、②出征前・銃後の家族や郷里、③職場の兵士、④戦争の経過、⑤空襲、⑥終戦、⑦未来へむけて、の七つのテーマが設定されている。

図 4-16　JR 神戸駅前の戦災復興土地区画整理事業完了の記念碑

図 4-17　西宮市平和資料館の紹介

図 4-18　デザイン・クリエイティブセンター神戸における取組み，「神戸スタディーズ # 6 “KOBE” を語る——GHQ と神戸のまち」2018 年

HPにも資料と解説を公開し、子どもも学べるようにフリガナを付している一方で、終戦のセクションには「占領」を伝える関連資料は見られない。この傾向は全国的に共通していて、地域の経験や記憶は「空襲」「終戦」で止まり、「占領」が戦争と一体の伝えるべき記録・記憶としては捉えられてこなかったことを感じさせる。

さらに、「占領」や「接収」の痕跡は神戸のまちを歩いても見つけにくい。というよりもほぼ見つけられないだろう。前述したように、神戸市の戦災復興の過程に共在した占領軍は、市民の生活の場を奪ったり、土地・建物の接収によって戦災復興を保留にするエリアを生み出したりと戦後都市空間の形成に対して影響を及ぼしてきたが、返還後はその痕跡を残していない。

戦災復興計画は早期に策定されても経済的事情や生活救済を要する人が多くて立退きを伴う区画整理事業を進められない、そのような時期であったため、理想とする都市計画の実現と相反する利害調整はきわめて難しく、事業は停滞していた。一方、市街地を大規模に接収していたキャンプ用地が返還された後の神戸市による区画整理事業は、戦災復興区画整理事業の延長線上で迅速に進められた街区・公園整備を主とした計画であった。それは周辺の木密エリアよりも余程スムーズに進んだ。駐留米軍という単一の主体が使用していたために立退きや換地等の交渉や調整を行う必要がなかったからである。そして、複数の主体が関与した事業ではないために、その記憶も共有されておらず、地方自治体の内部ですら継承されていない。それが何を意味するか。その事業で整備された地区の「場所の記憶」が欠落するわけである。

全国に目を向けると、占領という出来事を記念する碑を建てた事例も見られる。例えば、鹿児島県鹿屋市金浜海岸の「進駐軍上陸地の碑」や奈良女子大学附属中等教育学校の校庭の「米軍キャンプ跡地の碑」は二〇〇〇年前後から建立されたものである。こうした時期を見ると、戦争と平和を学ぶとともに、占領の経験や記憶も連続的に後世へと伝えようと考えられ始めたのが、戦争から五〇年経った頃だったのかもしれない。

さて、これから痕跡も記録もほぼなくなったまちで戦時・占領期の都市空間について伝えるためにはどうすればいいのだろうか、と考え続けている。近年、地域で講演をする際には当時をご存知の方々に呼びかけるようにしている。終戦当時に大人だった方のお話しを聞ける機会は今や限られているが、講演後にご両親が撮影された写真帳や手記や集められた印刷物等を持っている方に声をかけていただく経験も多く、二〇一八年には七〇〜九〇代の複数人に聞き取り調査を行った成果を踏まえて、公開ヒアリングイベントと冊子の制作を実施した[13]（図4－18）。今後さらに時間が経つにつれて、占領下の都市空間に関する資料収集には可能性と限界が生じてくるだろう。しかし、これまでの個人的な調査・研究活動を通じて、市民の所持する戦時・占領下の資料を受け入れる公的な機関があって収集を呼びかけられれば、多くの資料が集まり、聞き取りとともに若い世代に繋いでいける可能性を感じている。都市空間の記録と記憶を断絶させず、連続的に解し、愛着を持って育むためには、戦時期や占領期をタブー視せずに目を向けて、資料の位置づけも含めて検討を続けることが必要であろう。

註

（1）山内一郎「簡易貯水槽について」『道路』第六巻第一〇号、日本道路技術協会、一九四四年一〇月。
（2）『神戸新聞』一九四五年九月一日、八日、一一日付。
（3）芦屋市「事務報告書　昭和二十五年度」一九五一年。
（4）Canadian Academy "A Century of Inspiration 1913-2013", 二〇一三年。特別調達庁「調達要求書（不動産）」一九四九―一九五二年。
（5）『神戸新聞』一九四五年一〇月二二日付。
（6）百年史編纂室『日本毛織百年史』日本毛織株式会社、一九九七年。
（7）村上しほり、大場修、砂本文彦、玉田浩之、角哲、長田城治「占領下日本における部隊配備と占領軍家族住宅の様相」『日本建築学会計画系論文集』八二巻七三九号、二〇一七年九月、二四四一―二四五〇頁。
（8）阪神電気鉄道株式会社臨時社史編纂室編『輸送奉仕の五十年』阪神電気鉄道株式会社、一九五五年。
（9）同前。
（10）註7に同じ。
（11）大阪市史編纂所編『大阪市史史料14　占領下の大阪』大阪市史料調査会、一九八五年。同『大阪市史史料27　占領下の大阪Ⅱ』一九八九年。
（12）横浜市総務局市史編集室編『横浜市史Ⅱ資料編1　連合軍の横浜占領』横浜市、一九八九年。
（13）村上しほり『神戸スタディーズ#6〝KOBE〟を語る――GHQと神戸のまち』デザイン・クリエイティブセンター神戸、二〇一八年。

神戸ジェームス山外国人住宅地の接収事情

玉田浩之

はじめに

神戸市の住宅の接収状況を知ることのできる資料が神戸市文書館にある。「KOBE BASE AREA」(図4-6)と書かれた阪神間の地図は神戸基地司令部が作成したもので、そこに一九四九年一一月時点の接収物件の位置と調達要求書の番号が記されている。ここから当時の接収物件の分布状況を把握することができる。住宅が多く接収されたエリアには、西宮、芦屋、御影、住吉、塩屋の山手がある。接収された住宅は、比較的規模の大きい住宅が立ち並んでいるエリア、外国人居住者の割合も多かったエリアに集中していることがわかる。例えば、昭和初期に開発された阪急夙川駅の北側の住宅地には、外資系企業に勤める外国人のための社宅やアパートメントホテルがあり、戦前から外国人が多く住む住宅地として認識されていた。[1] また、神戸市垂水区塩屋には外国人専用の高級賃貸住宅が五〇棟ほど立ち並んでいた。この二つに共通するのは外国人を受け入れるための居住空間が戦前より存在していたということである。これらの住宅が接収された事実は断片的に語られているものの、個人所有であるがゆえに、接収された事実は積極的には語られていない。加えて、神戸市内の接収物件の詳細を記した公文書が少なく、資料的な制約から当時の様子を把握することが難しい。

そこで、本稿では神戸在住の外国人が記録した地域資料に注目してみたい。近年それらの資料をもとにジェームス山外国人住宅地に関する調査研究が進みつつある。そこから神戸の外国人住宅地が接収される前後の様子を追いかけてみたい。神戸在住の外国人たちは占領期の都市空間をどう生きたのか。接収という出来事の中でも特殊なケースではあるが、外国人から見た占領期神戸の都市空間を映し出すものとして注目してみたい。

一　H・S・ウィリアムズ・コレクションについて

神戸在住の外国人コミュニティの歴史を知ることのできる地域資料のひとつにオーストラリア国立図書館が所蔵するハロルド・S・ウィリアムズ・コレクションがある。[2] このコレクションは戦後にウィリアムズが「日本にいる外国人が歴史的な出来事にどのように関与していたのかについて研究をしようと思い立った」ことに始まる。[3] このコレクションには、当時の雑誌や新聞のスクラップ、図書、自著論文、タイプメモ、記録写真などが含まれる。いずれも神戸の外国人コミュニティの様子を知ることのできる資料として非常に貴重である。なかでも、塩屋の外国人住宅地に関する資料が充実している。後述するが、このコレクションに塩屋の外国人住宅地関連の資料が多いのは、彼が所有者のE・W・ジェームスから遺言執行人に指名され、遺産相続のために塩屋の不動産の売却を担当したこと、そして彼自身も塩屋の外国人住宅地の住人で、住宅地の変化を書き留めようと写真や文書記録を取り続けていたことによる。

さて、ここでH・S・ウィリアムズ（一八九八―一九八七年）（図5-1）の略歴について確認しておきたい。彼はオーストラリアのメルボルンに生まれ、大学で医学を専攻していたが、一九一九年に日本語の勉強を目的に夏季休暇で来日した。その旅の途中で、貿易ビジネスに関心を持つようになり、フィンドレイ・リチャードソン商会の事務職に応募したところ、すぐに採用が決まり、そのまま日本に留まることになった。彼は神戸支店で勤務して以降、勤務先の倒産や従軍による一時帰国を挟むものの、生涯を終えるまでの約七〇年間を神戸で過ごした。

図5-1　H.S.ウィリアムズ，1949年撮影（オーストラリア国立図書館所蔵）

戦時中はオーストラリア軍に従軍し、終戦後は英連邦軍の一員として東京で四年間、連合国軍総司令部で日本占領統治に携わった経験を持つが、担当したのは法務部門で、占領軍家族住宅の接収に関わる部門ではなかった[4]。彼は一九四九年に神戸に戻り、貿易商としての活動を再開した。このころから、日本に居住した外国人コミュニティに深い関心を持ち、その歴史研究に取り組んだようである。研究成果は英字新聞『マイニチ・デイリー・ニュース』等の媒体で発表された。彼の長年の歴史研究は高い評価を受け、一九七二年にオーストラリア政府から名誉大英帝国勲章（ＯＢＥ）を受けている。

二　塩屋の外国人住宅地の形成

（1）外国人住宅地の始まり

まずは、Ｈ・Ｓ・ウィリアムズが残した記録文書に基づき、塩屋に外国人住宅地が成立するまでを概観しておく[5]。神戸は、日米修好通商条約を締結して一〇年が経過した一八六八年に開港した。開港場には外国人居留地が整備され、並行して外国人のためにスポーツや社交の場も作られていった。開港した年に神戸クラブやドイツ人クラブが創設され、一八七〇年に神戸レガッタ・アンド・アスレチッククラブの運営が開始された。また、一八九六年に日本人と外国人がともに居住できる雑居地が認められたことにより、北野町や山本通周辺の山手に洋館が次々と建設された。こうして居留地と雑居地を中心に外国人のためのコミュニティと都市空間が形成されていった。

外国人の活動エリアは次第に神戸の周辺部へと広がりを見せる。明治期に神戸オリエンタルホテルが塩屋にシーサイド・ヴィラ・ホテルを開業した。当時の新聞には、塩屋は休日になるとイギリス、フランス、オランダなど外国人たちが集まる保養地のひとつになっていた様子が記録されている[6]。

塩屋は景色が美しく、海辺での遊びに適した場所だと外国人に認識されていたようで、一九〇七年までに英国人をはじめとする白人らが所有する別荘がいくつか建てられていた。しかし本宅は居留地からほど近い山手を選ぶ傾向にあった。塩屋は三宮からおよそ一三キロ離れた場所にあり、交通手段が十分でなかったことがその要因であった。山陽鉄道会社（現ＪＲ）の兵庫駅・明石駅間が一八九六年に開通し、一九一三年に兵庫電気軌道株式会社（現山陽電気鉄道）の兵庫駅・塩屋駅間が開通する。移動手段が充実するにしたがって、塩屋に居住する外国人が少しずつみられるようになった。

塩屋在住の外国人たちは夕方になるとお互いの家を訪ねて交流を重ねていたが、しばらくすると外国人クラブの設置を考えるようになった。最初は英国人のＷ・Ｌ・アチソン医師が所有する二階建てのビーチハウスが交流の場として無料提供された。そのクラブは塩屋クラブと呼ばれ、娯楽施設として人気を集めていたが、男性専用であったため、男女ともに利用できる外国人クラブを新たに設置することになった。新しいクラブは塩屋在住のワトソン船長が私財を提供し、一九二四年に設立された。塩屋カントリークラブと名付けられた。こうして塩屋は、一時的に二つの外国人クラブを持つことになったが、塩屋クラブは支援者が減少したために廃止されることが決まり、その機能は塩屋カントリークラブが引き継ぐことになった。

このようにして、大正末期から昭和初期にかけて塩屋に外国人のための新しい社交場が整備されていった。社交クラブの存在は外国人たちの生活に彩りを与える重要な役割を果たした。三宮から垂水や塩屋に移住する外国人が増えてくると、クラブの利用者が増加していった。

（2）ジェームス山外国人住宅地の建設

H・S・ウィリアムズの回想によれば、英国人貿易商のアーネスト・ウィリアム・ジェームス（一八八九―一九五二年）が塩屋に高級な外国人住宅地を作るという考えを抱いたのはその頃であったという。ジェームスは塩屋の海辺と山手に広大な土地を購入し、宅地開発に取り掛かった。まず、塩屋カントリークラブが置かれていたワトソン船長所有の土地建物を購入し、そこに豪華な自邸と新しいクラブハウスを建設した（図5－2）。

一九三四年六月三〇日の塩屋カントリークラブのオープニングセレモニーで、クラブの代表は「この建物の建設用地はジェームス氏の所有する土地の中から彼自身が選定した」と述べ、「建物はジェームス氏の希望に基づいて建設し、彼がその建設費の全額を負担した」と説明している。ジェームスは住宅地の中に外国人用の共同施設を作り、それを核にして高級住宅地を作り上げようとしていたのである。

塩屋カントリークラブ内にはテニスコート、ボウリング芝、クリケット芝、スイミングプール、体育館などが用意されていた。海の遊びが好きな会員のために、塩屋カントリークラブの別館としてビーチサイドクラブも建設された。その後、カントリークラブ周辺に五〇戸を超える賃貸住宅が建設さ

図 5-2　1934 年に E.W. ジェームスが建設した塩屋カントリークラブ（オーストラリア国立図書館所蔵）

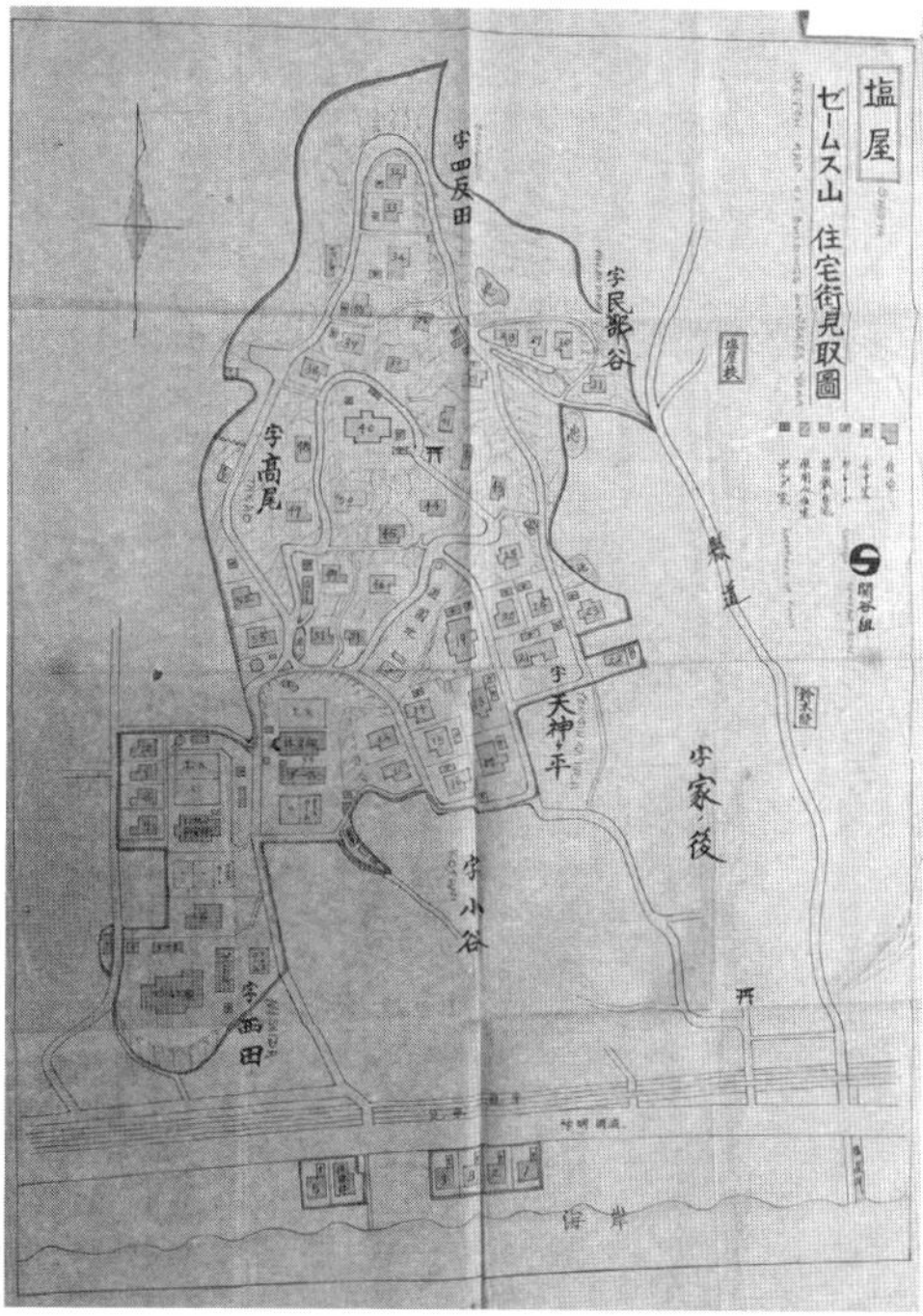

図 5-3　ジェームス山住宅街見取図，作成年不明（オーストラリア国立図書館所蔵）

れ、住宅地内に公園や私設交番も設置された。こうして「ジェームス山」と呼ばれる高級外国人住宅地が形成された（図5－3）。

（3）アーネスト・ウィリアム・ジェームスの遺産

E・W・ジェームスは一八八三年頃に来日した英国人の両親のもと、一八八九年、神戸に生まれた[7]（図5－4）。父ヘンリーは内海船の操縦士で、ジェームスは一一人兄弟の三番目の子だった。ジェームスは神戸の英国系ミッションスクールに学んだ後、一四歳で神戸の保険会社に就職し、ビジネスマンとしてのキャリアをスタートさせた。その後、貿易会社で経験を積み、彼が二六歳の時にA・カメロン商会に入社し、三四歳で取締役会長となった。商才が認められたジェームスは一九二六年に神戸外国人商工会議所会頭にも就任している[8]。

株取引や貿易業で財を成したジェームスは、一九三三年より塩屋の土地を購入し始め、翌年スパニッシュ・コロニアル様式の自邸と数軒の賃借用住宅を完成させた（図5－5）。続けて自邸周辺の土地を購入して賃借用住宅を建設し、外国人向けの賃貸住宅地を完成させた。購入した住宅地の土地面積はおよそ七四〇〇〇坪、建物面積は四七一二坪にも及んだ[9]。一九三〇年代末に美しい住宅地が完成したのも束の間、一九四一年八月にジェームスが所有する資産は全て敵国資産として日本政府により凍結された。ジェームスは英国領事館の指示に従い、やむなくカナダに逃れた。

戦時中、自邸は日本軍に接収され、海軍の関連施設として利用された。終戦後は自邸と賃貸住宅は

図 5-4　アーネスト・ウィリアム・ジェームス（オーストラリア国立図書館所蔵）

図 5-5　E.W. ジェームス自邸（筆者撮影）

連合国軍に接収された。終戦後、ジェームスはできるだけ早く日本へ戻ろうと試みるが、連合国軍総司令部から再入国の許可はなかなか下りなかった。許可が下りたのは一九四八年のことだった。帰国後のジェームスは接収された資産を早く取り戻そう各方面に働きかけた。そして英国大使館の援助を受けながら、一九四九年より段階的に接収が解除されることになった。彼が自宅を取り戻せたのは一九五二年二月のことである。しかし、接収解除前の一連のやりとりが健康に悪影響を与えたのか、一九五二年一一月一一日に亡くなった。六三歳だった。神戸に戻った後、ジェームスは外国人住宅地のさらなる拡張を計画し、裏山の広大な土地を取得していたが、彼の死により計画は夢に終わった。(10)

三　戦時下のジェームス山

先述のように、ジェームス山外国人住宅地の開発は一九三三年頃から始まり、海辺から山手に向かって順に宅地開発が進められた。(11)標準規模の賃貸住宅だけでなく、銀行の頭取や外国企業の社長向けに大規模な住宅も用意された。住宅には芝生が貼られた広い庭があり、そこに桜やツツジなどが植えられた。道路沿いには桜並木が整備され、春になると花が咲き誇った。住宅地内に動物小屋や滑り台やシーソーを備えた公園も作られた。敷地内の道路は全てジェームスの私有道路であったため、インフラも私費で整備された。電気ケーブルは地中に埋められ、夜になると街灯が道路を照らした。生活用水は井戸水を利用していた。複数掘られた井戸から各住戸に送水していた。宅地造成はブルドーザーが導入される前のことであったため、山を切り崩し、谷を埋める作業は全て人力で行われた。山林だった土地の宅地化には大変な時間がかかったが、年を追うごとに魅力的な住宅地になっていった。

一九四〇年頃に戦争の足音が聞こえてくると、居住者の多くは国外へ退去した。当時ジェームス山に住んでいたのは英国人と米国人がほとんどだったので、日本に残ることが難しかったのである。

太平洋戦争に入ると、ジェームス（カメロン商会の資産を含む）の資産は日本政府の管理下に置かれた。資産管理は一九四二年三月一九日付大蔵大臣の指示により住友信託株式会社が担当した。当時作成されたジェームスの所有資産目録によると[12]、五三戸の賃貸住宅のうち、一〇棟に日本人が入居し、ポルトガル人、ルクセンブルグ人、スイス人、スウェーデン人、フランス人がそれぞれ一棟に入居し

図 5-6　ジェームス山外国人住宅地上空より北方面を見る，1953 年撮影（オーストラリア国立図書館所蔵）

図 5-7　図 5-6 と別のアングルからの撮影。左手に塩屋カントリークラブが見える

ていた[13]。そのほかにも居住期間ははっきりしないが、ドイツ人やイタリア人も居住していたようである。当時は主に枢軸国および中立国の国籍者が入居していた。海岸沿いの賃貸住宅五棟とビーチクラブ一棟は住友信託株式会社により兵庫県に売却され、一九四三年四月六日時点でジェームスの所有ではなくなった[14]。

戦時中は、ジェームスの自邸と庭園は日本海軍将校の休養施設や海軍経理学校として利用された。カントリークラブは日本陸軍が接収し使用したという。戦時中に住宅地内の街灯や門扉、鉄柵など、鉄の供出で取り払われ、ボウリング場の芝生はサツマイモ畑になった。街路や庭の木々は燃料のために切り落とされ、美しかった住宅地の景観は変化していった[15]。

一九四五年の神戸大空襲で市内中心部は一面焼け野原になったが、ジェームス山外国人住宅地の周辺は幸い全く被害がなかった（図5-6、7）。塩屋は神戸市内で被災していない都市空間のひとつだった。特に塩屋カントリークラブは神戸で被災していない唯一の外国人クラブであったため、終戦後の催事に頻繁に活用された。神戸市長からも外国の要人を迎える場所として利用したいと申し出があり、ジェームスはそれに喜んで応じたという。終戦まもない頃の塩屋は、外国人コミュニティの復興に重要な役割を果したのである。

四　接収されたジェームス山

（1）戦後の接収状況

第二次世界大戦終結に伴い、日本はポツダム宣言を受諾した。占領政策は連合国軍最高司令官司令部（GHQ／SCAP）が行うことになり、連合国軍の要求に従って、日本政府は占領軍が居住する施設の確保に努めた。ジェームスが所有する自邸と賃借住宅も終戦直後に接収された。終戦当時、神戸は英連邦軍（BCOF）の進駐エリアだったので、まず、オーストラリア軍の将校たちがジェームス山の賃貸住宅に入居したようだが、一九四六年二月に英連邦軍の進駐エリアが広島の呉に変更されたため[16]、一九四六年五月以降はアメリカ軍の将校たちが代わって入居した[17]。ジェームスの豪邸は神戸基地軍司令部の将校クラブとして利用された（**図5－8**）。敷地内には専用のテニスコートとプールがあり、将校たちのレジャー施設として利用された[18]。

図 5-8　ジェームス自邸玄関，1947 年 8 月撮影（オーストラリア国立図書館所蔵）

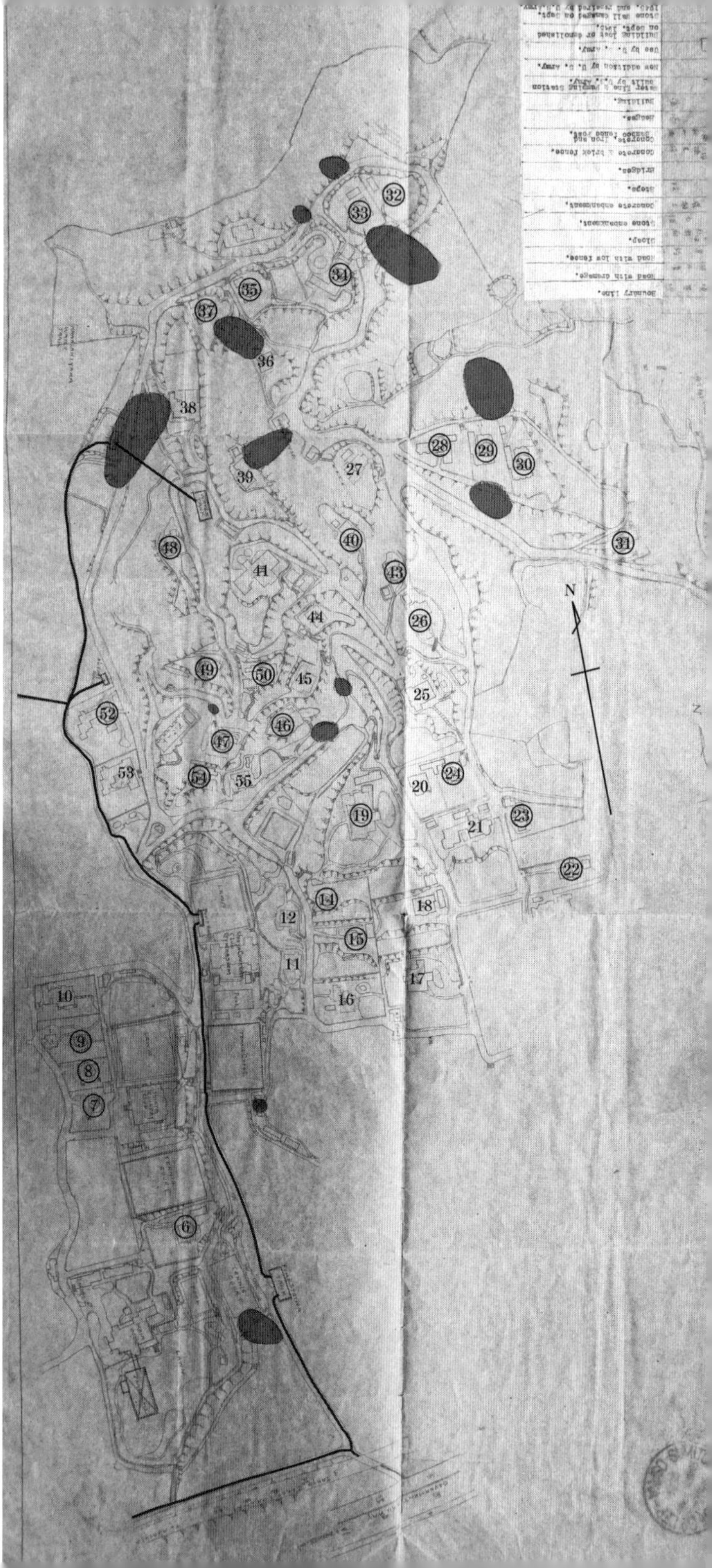

図5-9　ジェームス山の接収住宅の分布（Office of Civil Property Custodian Information & Inventory Report, Memorandum, 22th May, 1947 所収，オーストラリア国立図書館所蔵）

【凡例】
○　1947年8月時点でアメリカ軍に接収されていた住宅
――　アメリカ軍によって設置された水道管および関連施設
⬬　1945年9月の台風で被害を受けた石垣。アメリカ軍によって改修
Layout for E. W. James Estate at Shioya（原図S：1/1200）に加筆

住友信託株式会社の報告書によれば、一九四七年八月三〇日時点でアメリカ軍将校が入居していた住宅は二八棟、それ以外の入居者が二五棟、空家が三棟であった[19]（**図5－9**）。賃貸住宅の約半数を占領軍家族住宅として使用し、残る半数は接収されずに占領軍以外が使用していたことがわかる。終戦前から居住していた外国人が引き続き居住している例もあったことから、占領軍は空き家になっていたところを中心に接収していたものと考えられる。

（2）建物の状況

同報告書は、一九四七年当時のジェームスの資産を管理するために作成されたため、建物の形式、住所、土地・建物の面積、建物評価額、現入居者、改修履歴等の情報が記載されている。住友信託は調査情報に基づき、ジェームス山の物件を以下の五つに分類している[20]。

①アメリカ軍関係者により接収されており、状態が良い賃貸住宅
②既に修繕が完了し、状態が良い賃貸住宅
③現在、修繕中の賃貸住宅
④まだ、修繕に着手していない賃貸住宅
⑤戦前の状態のままだが、直ちに修繕が必要とされない住宅

①の占領軍家族住宅として利用されている物件は二九件を数える。詳しい説明はなされていないが、この時点で既に占領軍の調達要求を受けて、修繕と塗装が行われていたために建物の状態が良好な物

件などを指している。②の修繕が完了した物件は七件で、塩屋カントリークラブの体育館を含む。修繕は日本政府の資金で行われたと特記されていることから、占領軍の調達要求とは別に修繕されたものと考えられる。主に占領軍以外の外国人のための居住物件に該当する。修繕の内容は、損傷している部分の修理と再塗装が中心であった。③の修繕中の物件は四件でその内容は②とほぼ同様である。④では壁や天井、屋根、水道、電気、配管等の修繕を必要とする住宅が挙げられている。なかには一九四五年九月の台風被害で、地滑りを起こしたために、建物の傾き補正を必要とする物件もあったようである。修繕を必要とするが、現在は未対応の物件という位置付けであろう。⑤は、すぐに修繕の必要のない住宅である。ここで挙げられる建物はポンプ小屋や使用人のための付属屋であり、外国人居住用の賃貸住宅ではない。

このように、報告書では建物の現状を調査し、修理や改修の履歴、今後の改修の必要性にも言及している。言い換えれば、すぐに占領軍に提供できる物件、あるいは近々占領軍に提供できそうな物件について整理した報告書ともいえる。

占領軍は建物を事前調査し、不備のある箇所については改修してから入居するのが一般的である。建物の改修については、キッチンやコンロ、ボイラーの入れ替え、塗装の塗り直しなどの記述が多く、主に設備改修や美装関連の工事がなされていたことがうかがえる。(21)

（3）接収による外国人住宅地の変容

占領下で接収された建物は、既存建物を利用することがほとんどだが、新たに建築するケースもあった。ジェームスの豪邸は将校クラブとして利用されたことは先に述べた通りだが、それに関連する施設として、約二〇〇坪ほどの広さを持つダンスホールが新たに建設された（図5-10）。建物は兵庫県によって建設され、費用は日本政府が三百万円から一千万円ほど負担したとされる。[22]ジェームスの財産返還時にダンスホールを維持することもできたが、ジェームスはホール建設以前の状態に戻すことを選択した。

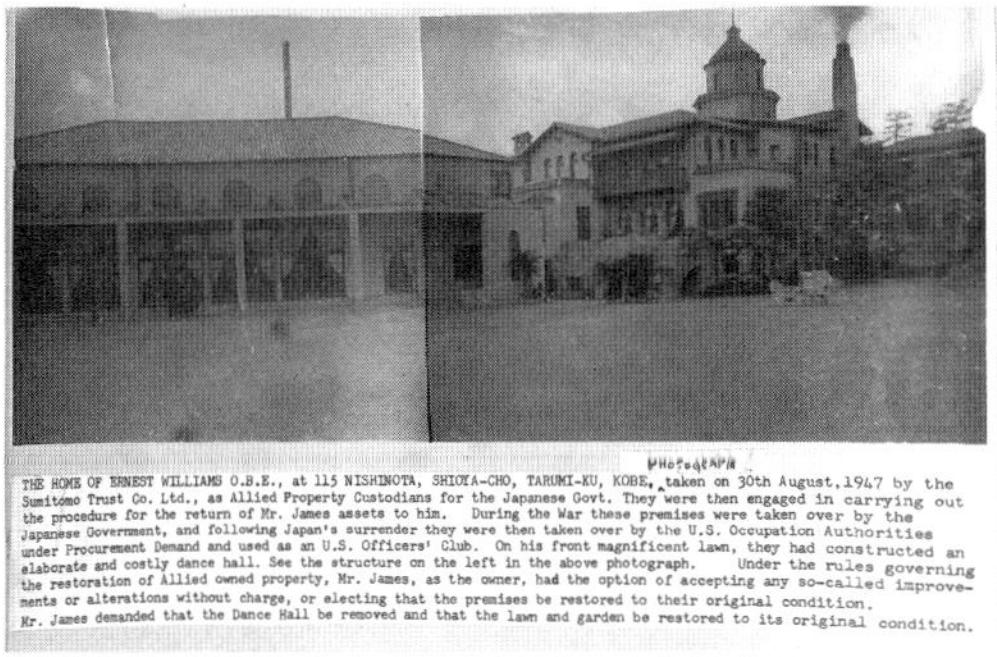
THE HOME OF ERNEST WILLIAMS O.B.E., at 115 NISHINOTA, SHIOYA-CHO, TARUMI-KU, KOBE, taken on 30th August, 1947 by the Sumitomo Trust Co. Ltd., as Allied Property Custodians for the Japanese Govt. They were then engaged in carrying out the procedure for the return of Mr. James assets to him. During the War these premises were taken over by the Japanese Government, and following Japan's surrender they were then taken over by the U.S. Occupation Authorities under Procurement Demand and used as an U.S. Officers' Club. On his front magnificent lawn, they had constructed an elaborate and costly dance hall. See the structure on the left in the above photograph. Under the rules governing the restoration of Allied owned property, Mr. James, as the owner, had the option of accepting any so-called improvements or alterations without charge, or electing that the premises be restored to their original condition.
Mr. James demanded that the Dance Hall be removed and that the lawn and garden be restored to its original condition.

図5-10　ジェームス自邸の前庭に建てられたダンスホール（オーストラリア国立図書館所蔵）

水道施設も大きな改変が加えられた。ジェームス山外国人住宅地は井戸を水源とする水道システムを採用していた。住宅地内に六つの井戸があり、それらをポンプでくみ上げて全戸に無料提供されていた。長期の使用により汲み上げの性能が落ちていたが、戦時中は物資不足でポンプ修理部品の調達が難しく、しばらく放置されていた。占領軍は水の供給能力に不安を抱えていたため、既存の水道設備を廃止し、新たに神戸市水道局の水道を引くように要求した。占領軍は海岸線の道路に埋設される水道管からジェームス山の高台まで、中継地点にいくつかポンプを設置し運び上げるように改修した。運び上げられた水は貯蔵タンクに送られ、そこから各住戸に供給されるようになった。古い井戸は非常時用として維持された。水の供給量不足で長く不便を強いられていた入居者たちはこの工事に大変安堵したという。

また、占領期には、塩屋から神戸基地までの米軍用のシャトルバスが走っていた。住民たちから「塩屋シャトル」と呼ばれていたという。しかし大型バスの往来は住宅地内の道路を傷めつけていた。ジェームスは所有する資産を保全するため、バスの運行を中止するように神戸基地に申し入れをしている。(23)

占領期の塩屋での出来事に付け加えておきたいエピソードがある。ジェームス山から少し離れた塩屋の山手に戦災孤児を受け入れる児童養護施設が建設されたことである。この施設は、来日したエドワード・J・フラナガン神父（一八八六―一九四八年）の助言を受けて、佐々木鉄治神父が一九四八年に設立したものである。フラナガン神父が創設した米国ネブラスカ州オマハの「ボーイズタウン」にちなんで、「神戸少年の町」と名付けられた。休日には神戸基地所属のアメリカ兵がやってきて寄付をしたり、住宅の増改築の支援活動をしていたという。

五　接収解除の動き

太平洋戦争時には、ジェームスの邸宅、賃貸住宅、宅地内の付帯施設の全てが、日本政府の管理下に置かれた。ジェームスの邸宅と塩屋カントリークラブは日本海軍が使用し、賃貸住宅には日本人も居住した。終戦後も引き続き連合国軍に接収された。ポツダム宣言の受諾後、敵産管理の対象となった資産の返還が進められることになった。凍結されていた資産は、終戦後には速やかに資産の回復が図られるべきところであるが、実際は戦後も接収が続き、ジェームスの思うように返還は進まなかった。

ジェームスは根気強く英国領事館を通じて返還請求を続けた。英国人所有の資産だとは気づかずに接収されていたことが判明し、[24]一九四八年七月に連合国軍最高司令官総司令部（ＧＨＱ／ＳＣＡＰ）からジェームスの資産回復命令が出された。[25]ジェームスの資産は段階的に返還されることになり、まず同年九月末に六物件が返還され、一九五一年二月に一一四の土地区画、五一件の建物、三一四の家財道具や株券など不動産以外の資産も返還された。全ての返還が完了したのは一九五三年二月のことである。しかしこのとき、すでにジェームス夫妻は亡くなっていた。

おわりに

ジェームスには二人の養女がいたが、彼女たちには相続税が高額で支払えなかったため、資産を売却せざるを得なかった。ジェームスの遺産管理人だったハロルド・S・ウィリアムズが売却先を探していたところ、ジェームスの住宅地開発の計画を知り、その計画を引き継ぎたいと申し出た人物がいた。当時、三洋電機の社長であった井植歳男である。井植氏は外国人用の賃貸住宅地はそのまま維持し、裏山一帯の土地を新たに住宅地として開発した。ジェームスが夢見た不動産開発の意志は引き継がれ、現在に至っている。木造賃貸住宅とカントリークラブの建物は建て替えられたが、ジェームスが気に入っていた海と山の眺望と外国人住宅地特有の穏やかな佇まいはいまも変わらずにそこにある。ジェームス山は、占領期の困難を乗り越えた外国人住宅地の記憶をいまに伝えている。

註

（1）　玉田浩之・原戸喜代里・大場修・石川祐一「占領下西宮における接収住宅に関する研究」『二〇一五年度日本建築学会大会（関東）学術講演会・建築デザイン発表会学術講演梗概集』（東海大学）、二〇一五年九月、六九一―六九二頁。

（2）　本稿で取り上げる「ハロルド・S・ウィリアムズ・コレクション」は科研費16K06697「近代神戸における外国人住宅地の形成と変容に関する研究」（研究代表：玉田浩之、研究分担者：水島あかね）の助成を受けて収集したものである。ここに記して謝意を表する。収集した資料や写真の一部は、科研費研究報告書『ジェームスと塩屋　時代に翻弄された外国人住宅』（二〇一九年三月）に掲載されている。本稿は明石工業高等専門学校の水島あかね氏との共同研究の成果に多くを負っていることを申し添えておきたい。

（3）　Keiko Tamura, *Forever Foreign*, National Library of Australia, 2007, p. 71.

（4）　ウィリアムズは連合国軍総司令部で動産・不動産の接収活動には関わっていなかったようである。*Ibid.*, p. 70.

（5）　Harold S. Williams O.B.E., *The story of Shioya, of the James estate, of James-yama and the Shioya country club*, 1984.

（6）　「日曜の塩屋」『神戸又新日報』明治四〇（一九〇七）年六月二五日付。

（7）　Keiko Tamura, *Forever Foreign*, National Library of Australia, 2007, p. 48.

（8）　『連合国財産処理（戦時編）』大蔵省印刷局、（昭和四一年）によれば、アーネスト・ウィリアム・ジェームスの収入（一八万三五七二円）および保有資産（七〇六万二一九九円）は当時の在日外国人が所有する資産の最高額だった。

（9）　一九四七年時点の記録。*REPORTS on MR.E.W.JAMES' SHIOYA ESTATE*, MS6681 Box80 File67（オーストラリア国立図書館）

（10）　水島あかね・玉田浩之「神戸市塩屋ジェームス山の戦後拡張計画について」『日本都市計画学会関西支部研究発表公演梗概要集』日本都市計画学会、二〇一八年、一―四頁。

（11）　橋本宏、足立裕司「神戸市塩屋ジェームス山外国人住宅地に関する研究」『日本建築学会近畿支部研究報告書』、第四七号、八六九―八七二頁。

（12）　*COPY OF THE TRUST,LTD's (THE OFFICIAL JAPANESE CIVIL PROPERTY CUSTODIAN's INFORMATION AND INVENTORY REPORT ON THE PROPERTY OF EARNEST WILLIAM JAMES DATED 22nd MAY 1947*, MS6681 Box9（オーストラリア国立図書館）

（13）　加藤麗・水島あかね・玉田浩之「戦中戦後期の神戸市塩屋ジェームス山外国人住宅地における居住者の変遷」

『二〇一八年日本建築学会大会　学術講演梗概集ＤＶＤ』二〇一八年九月。
(14)　前掲の住友信託株式会社の報告書によれば、海岸沿いの建物は一九四五年九月の台風で大きな被害を受けたが、日本政府が多額の費用を出して修理したという。
(15)　Harold S. Williams O.B.E., *The story of Shioya, of the James estate, of James-yama and the Shioya country club*, 1984.
(16)　進駐エリアの変化については以下の文献に詳しい。村上しほり・大場修・砂本文彦・玉田浩之・角哲・長田城治「占領下日本における部隊配備と占領軍家族住宅の様相」『日本建築学会計画系論文集』二〇一七年、八二巻七三九号、二四四一―二四五〇頁。
(17)　『神戸市史』第三集社会文化編、一九六五年、一三九頁。
(18)　*REPORTS on MR.E.W.JAMES' SHIOYA ESTATE*, MS6681 Box80 File67（オーストラリア国立図書館）
(19)　ジェームス山の接収状況および接収時の改修内容は以下の論文に詳しい。加藤麗「昭和初期における神戸市塩屋ジェームス山外国人住宅の変遷に関する研究」平成二九年度明石工業高等専門学校卒業論文。
(20)　Details Present Condition of each building, *COPY OF THE TRUST,LTD's (THE OFFICIAL JAPANESE CIVIL PROPERTY CUSTODIAN's INFORMATION AND INVENTORY REPORT ON THE PROPERTY OF EARNEST WILLIAM JAMES DATED 22nd MAY 1947)*, MS6681 Box9（オーストラリア国立図書館）
(21)　*BRITSH PRIVATE PROPERTIES, E.W.James Estate Shioya Nr. Kobe*, MS6681 Box80 File67（オーストラリア国立図書館）
(22)　*REPORTS on MR.E.W.JAMES' SHIOYA ESTATE*, MS6681 Box80 File67（オーストラリア国立図書館）
(23)　東京の英国大使館に宛てたジェームスの手紙（一九四九年一〇月二四日付）MS6681 Box80 File67（オーストラリア国立図書館）
(24)　Harold S. Williams, "The Occupation of Japan (19) The Story of James-Yama-I", *Mainichi Daily News*, Wednesday July 14, 1976.
(25)　Harold S. Williams, "The Occupation of Japan (20) The Story of James-Yama-II", *Mainichi Daily News*, Friday, July 16, 1976.

［全体討論］

占領期日本の都市空間を考える、記憶をいかに継承するか

［司会］大場修
［登壇］佐藤洋一、福島幸宏、大西比呂志、村上しほり、玉田浩之

大場　「占領期日本の都市空間を考える、記憶をいかに継承するか」と題して、本シンポジウムの全体討論を始めたいと思います。司会を務めます京都府立大学の大場です。よろしくお願いします。

占領期に関する研究会やシンポジウムといったものは、これまでも開かれてきましたし、とりわけ近年は数多く開かれているように思います。ただ、本日のタイトルにもありますように、「都市空間」という観点から占領期を捉えようという試みは、私が知る限りでは今回が初めてです。このような切り口で占領期という特異な時代について、さらにはその記憶の継承という問題を含めて議論するというのは、非常にユニークな問題提起と言えましょう。

ここでいう都市空間とは、一般的な「都市」とはかなり異なる意味合いを持っています。たとえば、景観であるとか、建築の構成であるとか、土地利用であるとか、都市計画であるとか、まちづくりで

あるとか、こういった視点を含んでいます。それに加えて、発表でもありましたように、都市に生きる市井のひとびとの生き様とか、人生、あるいは歴史といったものの舞台でもあって、こうしたものを含めて都市空間と考えることができるのではないかと思います。本日の発表では、「アーカイブ」というキーワードが出ました。その際にご紹介いただいた写真資料こそ、まさにいま述べたような事柄が写り込んでいるわけです。それが見た人の心を揺さぶったり、共感を呼び起こしたりするために、記憶の継承を考える上で写真は非常に重要な資料となりうる、というお話がありました。

そこで討論の第一のテーマとして、アーカイブの、とりわけ写真資料の持つ可能性とその扱い方について、福島先生、佐藤先生、そして大西先生に伺ってみたいと思います。大西先生が関わっていらした横浜市は、ほかの自治体に比べて、かなり早い時期から横浜に関する大量の写真をＮＡＲＡ（アメリカ国立公文書館）から持って帰ってくるなど、写真資料の収集に熱心に取り組んでこられたと聞いています。また、発表のなかでは取り上げられませんでしたが、動画資料についてはどのようにお考えでしょうか。動画資料も含めた、ヴィジュアルな資料を、占領期を考える際にどのように活用することができるのでしょうか。

福島　はい、今日の発表のなかでは駆け足で話してしまいましたが、写真と映像は資料としては同じ種類というふうに考えていました。大西さんのお仕事などがだんだんと共有されるようになってきたとはいえ、これまでは写真・映像のアーカイブズ的な価値はさほど共有されてこなかったと思っています。むしろ、その価値は今後どんどん認められていくだろうと楽観視しています。こうした前提の上で問題点を挙げるとするならば、それは写真自体の存在がきちんと把握されない恐れがあるということです。写真資料として、写真が単体で存在している場合ももちろんありますが、たとえば簿冊や写真帳など、何かに貼り込まれているものが実は大量にあります。そうした場合、写真が貼り付けられた紙そのものが粗悪だったり、劣化していたりして、確認するのが難しい。その他に挙げるなら、いま現在も指摘されているでしょうし、今後ますます考える必要があるのが肖像権の問題です。これは難しい問題で、僕個人としてはもちろん肖像権に抵触しないような形で資料の共有を進めていきたいと考えていますが、資料に写っている方がご存命である場合も当然あります。当時の写真資料には、やはりいろんな状況がそのまま写っていますから、気になる方もいらっしゃいます。現在の技術をもってすれば、当時の写真といま現在生きている人の写真を比較することで、昔の写真に写っていた人物を特定することも可能です。画像処理技術はすでにその段階にまで達しています。だからこそ、今後起こりうる事態を見据えながら、写真資料を共有財産として残していくルールづくりが必要になってくると思っています。そうした点に留意しつつ、写真を共有して、みんなが議論できる社会のほうが良いと思いますが、本当に難しい問題だと感じています。逆の立場になって考えてみると、たとえば自分が交通事故にあったとして、その写真が撮られて、アーカイブに保管されてネット上で公開されるなんてことがありうるわけです。こうしたことが受け入れられるものかどうか、という話を含めて今後は考えていかなくてはなりません。

大場　いまの話に関連して言えば、テレビ番組内で古い集合写真などが出てくるとき、プライバシーに配慮して写真の一部が編集でぼかしてあったりしますよね。編集の基準はマスコミ各社にそれぞれあるんでしょうが、今後はそうした基準が共有・整理されてゆくことになるのでしょう。

佐藤先生のご発表は、資料としての写真からわれわれは何を読み取ることができるのか、という議論だったと思いますが、写真の撮影者という観点を導入することで、撮影者の動きから写真を逆向きに読み取ることができるという大変興味深いご指摘がありました。そして、それも広義の都市空間と言える、と。

佐藤　はい。都市空間という言葉は非常に便利で、ここでいう空間とは、建築物や道路、公園といった具体的な施設はもちろん、そこで行われるアクティビティを指すこともありますし、さらに言えば、その空間にいる人々の視線のあり方や、そこでの記憶などを含めることも可能です。つまり、ひとによって都市空間という言葉に持たせる意味合いが異なってくるということでもあります。私自身は写真は時空間の記録であり、その場所で写真を撮っていたという行為の記録であるという見方から写真を素材に都市空間を読み取ることを考えています。

疑問詞でいうところのWhat、つまり何が写真に撮られているかは写真を見ればわかりますね。あとはHow、どのように撮っていたのかも、同じような機材をもって撮影場所に行けば確かめることができます。どういう行動をしていたのかがわかると、その空間がどのように使われていたのかという空間の質に迫れます。問題はWhyで、なぜそこで写真を撮ったのかということです。これは写真だけでわかることではありません。大西先生からもお話があったように、文献資料にあたるとか、写真も一枚だけを見るのではなく、何枚も並べて見比べていくことになります。

大場　では、カラー写真についてはいかがですか。カラー写真の情報量の多さについても言及されていましたが、さらに進んで動画になるとより情報が増えますよね。動画のもつポテンシャルといったものについては、どうお考えですか。

佐藤　写真だと記録としてはあくまで点ですが、動画は連続的な画像になりますので、空間的な連続性や行為ということに関してはよりリアルに迫ることができるでしょう。そこから読み取れることは相当多いと思います。空間について考えるうえで、もし仮に動画と静止画で同じ資料があるとしたら、動画のほうが得られるものが多いのは確かだと思います。

大場　ありがとうございます。研究者のレベルで動画を資料として扱うには、まだまだ難しい部分があるように感じています。佐藤先生には会場からこんな質問も来ています。「発表の資料のなかで、アメリカの図書館や資料館が所蔵している占領期の写真が日本の写真館の名前の入った袋に収められている様子が映っていましたが、日本の写真館で現像されたケースが多いということでしょうか。また、私は地方都市に行った際にその地域の古そうな写真館を訪れることが度々あるのですが、そうした写真館には占領期の記録は残されていないのでしょうか」。

佐藤　すばらしい質問です！　まず、さきほどのカラー写真とも関連しますが、当時はポジフィルムしかなく、コダック社のフィルムは日本国内では現像できなかったので、アメリカに送って現像していたはずです。モノクロの現像とプリントについて言えば、日本の写真館でも技術的には可能だったので、国内で現像された可能性はあります。ただ、米軍基地内の写真サービスを利用していたとも考えられますし、個人で現像していたケースもあるでしょう。写真の経緯を考える際、どこでどう撮られたかはもちろん、どこでどのように現像・プリントされたのかということも重要なのですが、そこまではなかなか分かりません。ただ、国内で焼かれた写真がほとんどだと思います。

もう一つの写真館についてでは、あまり調査したことがありません。というのも、写真館で撮られるものの多くはポートレートですよね。つまり室内で撮られるのがほとんどなので、街中で撮られることはあまりありません。学校行事や集合写真というのは屋外で撮られることもあるでしょうが。街の様子を撮って、しかもそれをアーカイブしている写真館もあって、たとえば東京の吉祥寺にある「らかんスタジオ」がそうですが、街の写真を意識的に撮って残していたという写真館はそれほど多くはないと思います。

大西　私のほうから補足すれば、横浜でいえば、赤堀末雄写真館があり、街の様子をカラー写真で撮ってます。

大場　それでは続けて大西先生、お願いします。

大西　私自身、政治学政治史を専門にしてきましたので、建築史の方々とは空間の捉え方について若干異なる気がいたします。政治活動と政治権力の構造、都市計画と空間といったことについて私は研究してきましたので、やはり人々が蠢くような、密度の高い空間といったものを都市空間と捉えています。写真の話でいいますと、横浜市はいまから三十年以上前に占領期の資料の収集に努めていて、

「NARA詣で」などと当時は言っていましたが、誰もがNARAに行って大量の資料を持ち帰ってきていました。いまでこそ占領期研究において、GHQが東京・ワシントン間でどのような動きをしていたかのみならず、各地方が当時どのような状況にあり、どんな影響を受けたのかを検証する作業が進められていますが、そうした作業をするには政府文書を中心とする国立公文書館だけでは資料が足りないと、恩師である天川晃（故人、放送大学・横浜国立大学名誉教授）氏は、早くから言っていました。それを聞いていた私は、なるべくNARA以外の場所を回ろうということで、各大学がコレクションしていたパーソナルペーパーズを見て回りました。なかには政策の決定過程に係る人物の個人文書などがあり、そうした資料にもやはり写真がたくさん出てきます。ですので、これらの写真が置かれた文脈を理解する必要があると思います。私はいま、横浜に住んでいた外国人についての調査を進めていますが、当然資料のなかの写真はファミリーヒストリーと密接に関連していますから、背景となるヒストリーを踏まえることで写真の見方が変わってきます。今日紹介した横浜市所蔵の写真も、写真自体は三十年前からあるものですが、その後関連する文書が発見されることによって、ようやくバックグラウンドが見え、写真に対する認識が改められつつあるという状況です。さまざまなところにたくさんの写真資料があるでしょうが、その写真がもつ意味というのは、別の資料と付き合わせていく必要があり、理解するにはまだまだ時間がかかるだろうと思います。

大場　ありがとうございます。村上先生はどうお考えになりますか。

村上　写真資料のもつ可能性を考える前提として、写真資料がどれだけ残されているのかということとがやはりあると思います。いまお話にあがった横浜市は、長い時間をかけて写真を収集し、さらにはさまざまな証拠と付き合わせて文脈や意味づけを捉える段階にあるのですが、神戸について言いますと、とにかく戦後・占領期の写真資料が少ないというのが現状です。この弱点を踏まえたうえで実際には何ができるのかを考えていく必要があります。写真があると、当時を経験した方がそれを目にすれば、記憶が蘇ったり、話が盛り上がって共有できたりしますから、まさに都市空間の経験を引き出すことができます。そのためには各自治体が市民に資料を見せ、収集・共有しようと働きかけるべきかと思いますが、多くの自治体が占領期に対してさほど意義を見出していないように思われます。発表の際にも申し上げたように、横浜市や大阪市、それに沖縄県は非常に早い時期から予算を充てて資料の収集に取り組んだわけですが、いまや全国的に予算が縮減され、どの自治体も海外に調査しに行くことは難しくなっています。ただ、近年はデジタルアーカイブが整備されてきたので、日本国内からでもある程度の情報にはアクセスできるようになりました。ですから自治体は、こうしたことに通じている研究者と協力することによって、どのような写真を集め、残していくのか、ということを積極的に考えていく必要があると感じています。映像を扱う難しさについては私も同感です。占領期の神戸を撮影した資料を分析しようと試みたことがありますが、正直映っているものを同定するのが精一杯で、それ以上のことは非常に難しいと実感しました。

大場　ありがとうございます。村上さんには、関連して会場から次のような質問が来ております。

「西宮市では、市役所東別館八階に、古い写真などを整理する部門を設けて定期的に公開し、当時の写真の提供を市民に呼びかけていますが、資料の保存という点からするとこの規模の活動で十分ではないように思われますが、いかがでしょうか」。

村上　はい、まさにその通りだと思います。その部署は市史編纂のための資料収集という位置づけにありますが、九〇年代から多くの自治体が市史編纂を目的として文書館や資料館を独立させる動きがあった一方、西宮市はそうした形をとっていません。そのため、資料の保存にも規模の限界があり、また分析しようにもなかなか手が回らないのではないかと思います。どの自治体も同じような課題を抱えているでしょうが、できればそこに予算を投じて欲しいですね。もちろん余裕のない現状が一般的だとは思いますが、ただ、利用する人が多ければ多いほど資料は目に触れていきますので、資料をオープンな形にして利用者を増やしていくことで資料はさらに集まり、それにしたがって保存作業も進んでいくはずです。

大場　ありがとうございます。玉田先生はどうでしょうか。

玉田　私は地域を理解する基礎資料として写真に注目しています。外国人住宅地ジェームス山について研究を始めるにあたって手がかりを探していた時、神戸市立中央図書館に関連するマイクロフィルムがあると聞き、それを見に行ったのですが、マイクロフィルムだと写真が潰れていてうまく見ることができませんでした。もっと解像度の高い状態で見ようと、共同研究者の水島あかね先生とオーストラリアへ出かけ実物を見てきました。現物を見ると、わかる情報も多く、マイクロフィルムには写されていなかった情報を得ることができました。今回私が扱った写真資料の大半は、ハロルド・

S・ウィリアムズというオーストラリア人が保管していたもので、個人が興味本位で集め始めたとはいえ正確な記録やメモを残していたため、当時の様子を知ることができる重要な資料となっています。今回は写真とメモ書きを突き合わせてみることで、貴重な情報を引き出すことができました。写真を読み取る手がかりがあれば、情報の量はさらに増すことに改めて気づかされました。

大場　ありがとうございます。先ほど大西先生も仰ったように、私などは建築の人間なので、写真を見るとやはり景色や建物にどうしても関心が向いてしまうのですが、大西先生は人物やある種の生き様を見ていらっしゃいます。ただ、NARAにあるような公式の写真のなかにはポーズを取っているようにも思える写真があって、それを見分ける必要もありそうです。だからこそ、地方に残された資料を集めたりする点では、佐藤先生の取り組みともオーバーラップしているように感じました。人物を写真から捉えるということに関して、もう少しお聞きしてもいいですか。我々がいちばん苦手なところなので。

大西　私も本来はテキストしか扱えなかった人間ですので専門的なことは言えませんが、ただ、個人が残した文書を調べていくと、アルバムがあったりしてその人にとって大事だったと思われる写真が出てきます。すると、いったいこれはどんな写真だったのだろうか、と考えさせられます。その人の違った側面と言うか、テキストには盛り込めなかったような、生身の部分が写真に出ているように感じられる。さきほど、米兵と赤線地帯で戯れている場面を捉えた写真を紹介しましたが、そこにいた女性のような存在はこれまで疎外はされても注目はされてこなかったわけです。それが学芸員の方々の努力によって県の文書から彼女たちのヒストリーが少しずつでも見えてくるようになり、そのことに私としては非常に心を動かされました。

大場　では、写真は情報量が多すぎてかえって扱いにくいという指摘については？

大西　ある意味ではそうですね。どう読めばいいのかわからない。

大場　動画の扱いにくさと同様といったところでしょうか。

一方で、佐藤先生は写真の里帰りといったお話をされていました。画期的な視点だと思って聞いていましたが、それに関してなにか補足などありますか。

佐藤　占領期とは直接関係ない話ですが、二〇〇四年から東京の台東区で昭和三十年代の写真をデジタル化することに取り組んでいます。上野と浅草のあいだ、稲荷町という下町があって、そこは空襲の被害を逃れたところで、その地域を撮った写真が百枚ほど区役所に残っていたんですね。そこで、古くからある下谷神社でその写真の展示会を試しにやってみたら、予想外に盛り上がって、地元の人たちが写真を前にするといろいろ話し出して止まらないんです。三日間しか開かなかったんですけれど、毎日ずっといる人がいて、セッティングした僕ら以上に写真を来場者に解説してくれました。これはすごいことだ、と思いました。この例は地元に残っていた写真なので里帰りというわけではないですが、やはり撮られた場所に写真を持って行くと、そこでしか伺えない話が聞けるし、それによって写真が見えてきます。この体験が写真の見方に気づくきっかけになりました。たまたま写真を見た人が思ったことを話しただけで、また別の人が見れば別のことを話すでしょう。でも、それすらも共有すべきものだと思います。だから、占領期の写真であっても、もちろん写真の著作権は撮ったアメリカ側にあるわけですが、そもそも写真は撮影される場所があってこそ成立するものなので、撮られた地でも見せる権利があるのではないか、と個人的には思います。撮影者の記録であると同時に、時空間の記録でもあるわけですから、その場所に写真を戻してやりたいという気持ちが自分の中にはあって、それでアメリカまで調査に行っているということです。

大場　写真の持つポテンシャルについて大変示唆に富むお答えをいただきました。佐藤先生、ありがとうございます。

もう一つ、私のほうから質問させてください。本日のテーマの占領期の都市空間という点において、大西先生と村上先生は奇しくも同じようなストーリーで横浜と神戸についてそれぞれお話しくださいました。そこで、横浜と神戸という個別の事例をもとに、占領期は都市に何をもたらしたか、とあえて問いを大きくしてみたい。お二人はなんと答えますか。とくに横浜では、九万人が駐留したというご報告じゃないですか。昭和二十二年で全米軍の六二パーセントが横浜にいたうえに、住宅面積も過半数が接収されていたということでしたが、これはなかなかたいへんな状況ですよね。そういったものをどう評価したらいいんだろうかということを考えてみたいのです。まずは大西さん、いかがでしょうか。

大西　占領という事態は横浜にとって非常に大きな出来事であったことは間違いありません。都市形成史の観点からいえば、接収が長期にわたったことで横浜の復興はかなり遅れました。いつまでたっても市内中枢部には立ち入り禁止区域がそこらにあったわけですから、都市計画を満足に進めることができません。その状況が高度経済成長期まで尾を引き、東京一極集中が進むなか、開発が遅れた横浜は東京のベッドタウンと化していきます。こうした構造のもとで、政治的には革新自治体が出てくるようになります。講和をさかいに横浜はようやく接収の解除に向けて動き出し、本格的な都市計画が立ち上がって、今日のみなとみらい地区の整備が進められていく、というのがその後の大まかな流れです。

それともう一つ、私のゼミの学生のなかには、なぜ横浜はスイーツや銘菓が育たないのか、という問いを立てた学生がいました。神戸に比べると圧倒的に負けていると言うんですね。それでその結論はというと、横浜はアメリカの影響が強すぎるということなんです。たとえばスパゲティといっても、給食で出てくるようなケチャップのスパゲティが出てくるわけです。あれは今時のパスタ・イタリアンではなくて米軍用のスパゲティです。本牧《ほんもく》という地域はアメリカの住宅が残っていたりするところで、基地の文化が色濃い土地です。音楽でいえばグループサウンズのはしりである「ザ・ゴールデン・カップス」とか。とにかくいろいろな意味でアメリカの要素が強すぎたために、神戸のような欧風の上品なスイーツが育たなかった。アメリカのスイーツというのは、ものすごく甘くて量も多いですよね。これはすぐれた卒論だと感心して高く評価しました。横浜には最大九万人の兵士がいて、広大な接収地があったわけですから、さまざまなクラブが存在し、アメリカ文化の影響がないとは考えられません。たとえスイーツの問題であったとしても、アメリカ軍が強い影響力をもったと言えるのではないでしょうか。

大場　大変面白いお話ですね。横浜の主体的な街づくりが遅れたということは、これは横浜に限った話ではないようにも思えてきますが、そのあたりについて村上さんはどう思われますか。

村上　まさに横浜市の話を受けるようにして、実は横浜市、神戸市、呉市、東京の四カ所で接収解除地整備事業というものが行われていました。そのなかでも横浜市と神戸市はほぼ同じ規模で、同時期に事業が始まりました。結論から言えば、神戸よりも横浜のほうが相当に難航しました。神戸も接収地がそれなりの面積を占めていましたが、キャンプの広さや接収住宅の比率といった点で横浜は圧倒的でした。ただ神戸の場合、接収解除地整備事業は上手く進みましたが、戦災地の区画整理はかなり手こずりました。街中の細い道や入り組んだ場所はなかなか広げられず、行政の強制代執行で家屋を撤去しなければならない、といった事例が相次ぎ、横浜とはまた別の意味で戦災復興事業が長期にわたりました。横浜の場合はアメリカの影響が大きかった反面、革新自治体として一九六五年に公表された六大事業構想などで一気に都市整備が進みました。一方、神戸は面的に整備を進めることができませんでした。住民の力が強かったからです。住民にも当然権利があるので、行政と当事者との間で話し合いが続き、阪神・淡路大震災後にも戦後復興区画整備事業を行っていたエリアもあったほどです。

ちなみにスイーツの話でいえば、神戸にもアメリカの影響を受けてできたお菓子屋さんもありますが、多数の台湾人や華僑が戦後の製菓産業に参入しました。旧植民地とのつながりのある人たちが多く、砂糖を手に入れて、早い時期からキャラメルを作っていたりします。そのほかに、連合国出身の人であったり、台湾からきた貿易商といった人たちの権利は尊重されていたことも戦後すぐに菓子店が復興したことの背景になっています。たとえば有名なモロゾフ。地元の人はご存じでしょうが、今のモロゾフは創業当初のモロゾフの洋菓子店とは異なります。昭和初期にモロゾフは日本人の共同経営者と揉めた結果、自分の名前でお店を持つことができなくなります。その後、コスモポリタン製菓を立ち上げるのですが、戦後、モロゾフ親子の息子のほうが高架下にできた公認飲食店街の新楽街に「モロゾフ」の名前を冠して営業している時期がありました。一九四七年の記録に残っているんですね。ただ、しばらくしてコスモポリタン製菓に名前が変わっています。その間何があったかはわかりませんが、戦前からあった菓子店が戦後すぐに営業を再開することができた、というのも神戸のスイーツ文化に関係していると思います。

大場　お二人の話から、占領が戦後の都市文化に大きな影響を及ぼしていることは間違いないと分かりました。復興期における都市計画の遅れという話ですが、この復興期というのは占領期と重なっているわけですよね。占領と同時に復興が進んでいたという理解で問題ないでしょうか。東京ではこの二つの関係はどうなっていたのでしょうか。

佐藤　そうですね、基本的に占領軍は復興期の都市計画に関わろうとはしませんでした。だから、誰が主体となって復興を進めていったのかという点については語りにくさを感じます。むしろ停滞していたような印象もあるのですが、すみません、具体的な事例が思い浮かびません。

福島　いま思ったのは、復興といっても、戦災のなかでの復興の段階と経済的な自立に向けた段階、そしてその二つの段階を経て迎える高度経済成長期という三段階に分けられると考えたとき、占領期は、朝鮮戦争の勃発にしたがって日本に駐留していた米軍が出払い、基地も整理されたという頃に終わるので、先のお二人の発表もそうですし、例えば京都なんかでも接収地がまだ残っていましたから、戦災からの回復期から経済成長への移行期が、占領期の後期と重なっているような気がします。もう少し議論を整理してみないとなんとも言えませんが……ただ、都市空間の停滞を招くさまざまな制度は占領期に形作られたものと言うことはできると思います。

大場　さきほどの大西先生のお話で都市計画の遅れについて触れられましたので、それはすなわち復興の遅れという話になるのかと思った次第です。

占領期の都市空間を考えるにあたって、注目したいもう一つのキーワードが「接収」です。神戸の話でも横浜の話でも出てきたこの接収とは、一体何なのかということです。玉田先生からは、外国人用の高級住宅地がそのまま占領軍に接収されたとの紹介がありました。一方、同時期にディペンデントハウスという大きな住宅地が新設されましたよね。この二つが共存していたわけですが、それについてどのようにお考えでしょうか。接収という事象から占領期の都市を考えるには、どのような視点が必要でしょうか。

玉田　まず、接収は必要に迫られて行われる、ということが重要だと思います。占領軍は居住空間や活動場所を確保するために接収を行います。そこから、活動拠点を広げていくなかで、次第に娯楽のための空間も取り込んでいきます。場合によっては、新しく何かを作るために用地が接収されることもあります。接収物件はしばらくして不要になれば、接収解除になることもありますが、時間をおいて再び接収されることもあったようです。占領軍住宅の確保にしても当初連合国軍は二万戸確保するように要請していましたが、実際に確保できたのは一万三千戸ほどです。この背景には部隊の移動や縮小、あるいは社会情勢の変化が関係しています。接収物件の数が伸び縮みしていることは都市空間の利用状態の変化を表しているといえます。

大場　接収される側にとっては、家を出ていかないといけないわけですから大変な被害を被ることになります。しかも、接収された住宅は改造されますよね。特に水回りにはかなり手が入るので、アメリカの最新の設備が日本に導入されることになり、これが戦後のモダンリビングの起点であるという意見も聞きます。こうした点を踏まえると、建物の接収をどのように評価するのか難しい。

佐藤　接収というのは、結局、軍事基地の問題とも言えます。それよって深刻な被害を受ける人と多大な利益を得る人の両方がいて、そのことが接収の評価の難しさにつながっています。自治体史で語りにくいところがあるとすれば、生々しい利害関係が背景にあるのではないでしょうか。直接関わった事例では埼玉県の朝霞市がそうでした。キャンプ・ドレイクという米軍基地のあった場所で、現在も自衛隊がその一部を利用しています。この地域の歴史を伝える施設を作ろうとする動きがあって、米軍から返還された土地にできた公園内に施設を作りそこでの展示を考えよう、という企画のワーキンググループに呼んでもらったことがあります。いろいろと議論しているうちに、やっぱり地元のなかでは生々しい記憶が残っているということが分かりました。かつて基地があった頃はどこそこの店がかなり潤っていただとか、反対に悲劇的なこと、例えば混血児の問題などもあって、歴史を継承していこうとする際に本来なら明らかにすべきであっても、自治体ベースで考えると表立って言うことができない部分というものがあるように思います。

大場　ありがとうございます。さて、残り時間もわずかになってきたので、会場からの質問を投げかけたいと思います。まずは村上先生に来ています。「発表時に示された資料の『KOBE BASE AREA』にあったKoyo Middle Schoolは旧制の甲陽中学校、すなわち新制の甲陽高等学校で、現在の甲陽学院高等学校にあたります。甲陽中学校は、本館の接収はまぬがれ、別館のみが接収されました。香櫨園にあった旧制甲陽高等商業学校の廃校後、甲陽学院中等部、つまり現在の甲陽学院中学校を接収候補地として、米軍兵士が調査しにきました。平屋の校舎ゆえ病院にしたいと述べていましたが、水の供給に難点があり、接収を逃れました。そういう経緯がございます」。

それで、質問としましては、「接収候補地として調査されたものの接収を免れた建物はほかにもあるかと思いますが、その理由を含めてご教授いただけないでしょうか」。

また追記といたしまして、「個人の邸宅であっても、アメリカの有名大学の卒業証明を家主が持っていたために、敬意を表して接収しなかったという話を本で読んだ覚えがあります。神戸ベースエリアは接収結果を図示したものですが、計画段階の資料はまだみあたらないのでしょうか」。

村上　ご質問ありがとうございます。候補地になったものの接収を免れた理由というのは、実際のところはよくわかっていません。いろんな事例を聞けば聞くほど、ケースバイケースといった印象が強まり、もしかすると確固たる基準がない恐れもあります。なかでも興味深い事例としては、御影山手のほうにある蘇州園があります。蘇州園の所有者であった日本人が接収を避けたいがために、台湾人の貿易商に譲った結果、接収されなかったそうです。これは神戸エリアでも特筆すべき事例です。ただこの事例にしても、塩屋の例もありますし、連合国の人間でなくともいわゆる解放国民の財産だから接収しないという理由にはならないと思います。少なくとも明文化された理由ではないでしょう。しかし、この人に渡せば接収は免れるだろう、という何らかの見込みが当時すでにあったことを示していますから、アメリカの有名大学の卒業生であることが理由になったというのも、十分ありうる話だと思います。今後の調査によって何らかの法則が導き出されるかもしれませんが、もしかしたらただ事例を並べ立てるだけに終わるかもしれません。ですが、関心はありますので調査を続けていきたいです。

神戸ベースエリアは接収結果を図示したものですが、接収された時期は各所でバラバラで、四五年九月の最初期に行われたものもあれば、四八年頃になって接収を検討していたものもあり、計画性がないと考えられます。なにかしら計画した形跡がないかとアメリカの公文書館の資料も十年分ほど調べましたが、いまのところ発見できていません。こちらについても、時間はまだかかるでしょうが、はっきりとしたらいずれご報告したいと考えています。

大場　京都府の当時の資料をご存じの福島さんから、こちらの件についてご紹介をお願いします。

福島　京都府の場合、接収された住宅は府から注文を受けた日本の業者が改装しています。さきほど大場さんが触れられたように、水洗トイレとボイラーの水回りは必須で、さらにガレージが加わった三点が重要なので、これらがもとからある宅地は基本的に接収されていると考えられます。そうでなければ、足りない部分を設置するので、その工事資料が残されていました。また、接収の対象から外してほしいという嘆願書が京都府に提出されていたようで、実際には京都府に願い出たところでどうしようもないわけですが、ご質問のなかでもあったようにアメリカとの関係が何かしらあれば接収を免れうる、といったような噂が出回っていた気配は読み取れます。こうした嘆願書が実際の判断にどれほどの影響を及ぼしたのかはわかりません。あと村上さんの仰ったこととも関連しますが、最終的には数が足りればいいので、不足分をどう補うかといったことをアメリカ側は考えていたようです。結果的に日本側では、おそらく他県でもあったはずでしょうが、改装工事の資料が簿冊として残されています。京都府にもすべてではありませんが、かなりの数が残っていて、どこが接収されてどのように改装されたのかが分かります。京都では、一軒丸々が接収されることはそう多くなく、家屋の四分の一程度が日本人家族に許されて、同居するパターンが大半だったようです。なぜそのような形態をとったのか、先ほどの話と同様に理由は不明です。原理的に動機はわからず、結果から遡って推測するしかないという状況です。

大場　その資料は、国の重要文化財には指定されているのでしょうか。

福島　文化財からは外れています。

大場　京都府に残された膨大な資料は現在公開されていて、接収住宅に関する資料はおそらく歴彩館が最も充実していると思います。住宅がどのように改造されたのか、それぞれの部屋の材料や仕様といったことまで事細かに辿ることができます。昨年、これについて少し調べましたが、あわせて嘆願書というものも大変興味深い資料です。嘆願書を出した家と接収された家を突き合わせてみると、嘆願書がかなり効果を発揮していることが分かってきました。本当に接収を免除されているんですね。というのも、嘆願書の中身を読むと、家族に病人がいるといった文言があって、これが効いているようです。占領側は衛生観念に一番気にしていましたから、このような文言を書いている家は実際に接収から外されていました。

それでは最後にみなさんに向けた質問で終えたいと思います。ただちょっと質問が長く、四点に分かれていて、三つが全員への質問、残りの一つが村上さんへの質問となります。

一番目は、シンポジウムのタイトルにもある「記憶の継承」について、何をもって記憶が継承された、あるいはされているとするのでしょうか。資料館で展示・解説されていれば、記憶は継承されているということになるのでしょうか。知っていることと記憶を継承することの違いとはなんでしょうか。

二番目は、占領期の記憶を継承するのは誰ですか。日本国民でしょうか、地域でしょうか、果たして社会でしょうか。

三番目は、どの記憶を継承するのでしょうか。記憶を継承する際には、恣意性が働くのではないでしょうか。正義感であるとか政治性であるとか、そのような一定の恣意性が働かないでしょうか。

四番目は、占領期から残る都市空間、建造物や地割は、占領期の記憶を継承しているのでしょうか。

これは村上さんへの質問です。

以上の質問について、一言ずつでもお答えいただきたいと思います。まずは佐藤先生からいかがでしょうか。

佐藤　何をもって記憶が継承されているか。客観的にはなかなか判断できないでしょうが、決め手は、主体的に記憶の継承に関わっているかどうかではないでしょうか。写真を見て語ること。そこから何かを読みとろうとすることは小さな継承かもしれません。ですが、主体的に関わろうとしているかがポイントだと思います。誰が継承するのかと言われれば、誰もがそうなりうるのですが、ここで写真が有用なのは、まさに恣意性の問題と関連していて、見る人が自由なことを言えるということです。写真はどの点から語り始めてもいいような、オープンな存在です。写真の撮られた意図と後になってそこから読み取る意図はズレてしまうのが常です。このズレは仕方のないものですが、だからこそ主体的に関わろうとすること自体が重要である、と私は考えています。もちろん私自身、恣意性は極力避けるようにしていますが、いろんな人の恣意性を比べることができれば、それをもとに判断することもできます。写真という資料は、解釈を一元化できないオープンなメディアなので、オープンな状態にさえしておけばいろんな人がいろんな読み方をすることができる、今は読めないようなことも、時代状況も変わって、十年後は読めるようになるかもしれない。

大場　逆に、研究資料としては使いにくいという側面があるのかもしれないですね。

佐藤　そうですね、確定しきれないという意味ではその通りです。

大西　占領期という問題を設定したとき、いつまでが占領期にあたるのかという点があります。復興期の話もでましたが、たとえば昨今の沖縄を見ても、占領は全然終わっていないと言えると思います。基地が続いているわけですからね。占領を暴力的な支配の構造として考えると、ある時期の写真を見ながらその構造的支配について話し合ったり、例えば学生がニュースや新聞の記事を目にしたときにそうした時代状況が今日まで残っていることに思い至るようになれば、記憶の継承がなされたと言えるのではないでしょうか。表象的に占領という問題を考えていくことができれば、人々の記憶には残っていくのではないかと考えています。

大場　先の大西先生の発表で紹介された展示が、占領期の光と影といったテーマだったかと思いますが、これって永遠のテーマなのではないでしょうか。占領期をどう我々が受け止めるかということです。暴力的な支配の構造という捉え方も確かにできますが、一面では戦後日本にポジティブな影響を与えているところもありますよね。このへんの評価についてはこの場で答えの出るものではありませんが、どのように思われますか。

大西　そうですね、良い悪いは別にして、アメリカの文化の影響が強く残ったことは間違いないです。しかし横浜で接収解除が進んだ結果、何が起こったかといえば、いまの辺野古や名護のように基地が拡散しました。減ってはいない。

大場　大きな支配の構造があることを捉えておかなくてはいけないということですね。

村上　記憶の継承とは何かということについて、まずは現状を把握する必要があります。占領期を中心にした記録や記憶は多様なレベル、スケールにおいてすっぽりと抜けているように感じます。例えば個人がある地域の歴史を学ぼうとしたとき、戦前からの流れと戦後以降がつながらず、通史が成立しないという現状もあります。そうした問題意識のなかで、当然知ることが記憶の継承と結びつきます。何かを知ろうとしたときに誰もがそれを学べる状態であるべきだと思うのですが、その学ぶ素材が十分でない。だから、誰でも知ることができるための基盤整理をするわけですが、それ自体が記憶の継承にもなっていると思います。佐藤先生と同じ答えになりますが、主体的に知ろうとすることができる状態にしていくことが大切です。

三つ目のどの記憶を継承するか、これも同様だと思います。今まで自分が学び調べてきた経験からすると、占領期＝負の歴史、という前提の見方があるように感じますが、プラスになっていた部分も事実あり、たとえば接収住宅にしても元々資産家が日本政府から補償を受けたうえで貸しています。ただし、キャンプ用地として接収された土地に住んでいた借地・借家暮らしの人は別です。日本の持ち家政策というのは戦後の動きであって、戦前は借地借家がほとんどですから、彼らは何の権利もなく立ち退かされました。こうした対応の差があったわけですが、このようなことはあまり表に出てこない記憶になっていて、つまり、どの記憶かと選べるほど明らかになっていないことが多いと思っています。もっときちんと事実を明らかにしてからでないと選びようがありません。

四つ目の質問、地割についていえばまったく継承されていません。占領期の記憶を残して都市整備をしようという考えは当時にはありませんでした。むしろ行政にとって接収地とは戦災復興事業を妨げているものとみなされていました。接収が解除されれば、そこを整備する。この繰り返しでしたから、区画自体は変わっていなかったとしても、それは占領期の記憶を伝えるために残しているわけではなく、単なる整備の結果です。さきほども戦災復興の話が出ましたが、ある意味では占領が復興によって上塗りされているとも言えます。

玉田　そうですね、難しいご質問ですが、記憶を継承しようとするときに恣意性が働くのは避けられないように思います。そうだとするならば、どのような視点が設定できるのか、どの立場からその視点を設定しているのか、という問いに意識的でなければなりません。記録するときにできるかぎり恣意性を排除することは大切ですが、記憶を伝えようとするときには、視点の多様性を積極的に認めるべきでしょう。そうなれば、佐藤先生が仰るように、次に繋がっていくオープンな形が生まれるのではないかと。

福島　順番としてまとめを求められているような気もしますが、みなさんのこれまでのお話と重なることを承知の上で、何をもって継承されるかといえば、やはりそれは話題にすることだと思います。家族間や隣近所との会話だってかまわないし、こうした開けた形の対話だってそうです。いろいろな場所で話題にすることがひとつの継承であり、メルクマールであり、指標となりうるのではないでしょうか。また誰が継承していくかという点も、誰もが担い手になるわけです。大きく構えてしまえば、人類のどこかでそれが継承されればいい。われわれは教養の一つとして、ユダヤ人がどのような歴史を辿り、特に一九四〇年代に何が起こったのかということを知っています。人類の一員としてこうした話を知り、かつそれを話題にし続けることが重要なのです。日本の占領という経験であっても、たとえそれが都市部の経験として継承の濃淡はあるでしょうが、同じことです。それから恣意性について、ご指摘の通りだと思います。恣意性は必ず生じてしまいますが、そのことに意識的になれれば、大文字のストーリーからこぼれているものに気がつくことができます。そのためにもまずは大文字のストーリーを把握することが不可欠で、その段階に達していないというのが村上さんのお話だったわけですが、一応占領期の大枠の話があって、そこから外れてしまう話を考えようとしています。それがまた大文字の歴史のなかに書かれたら、また別の外れてしまった話について考えていく。恣意性についてはこのようにして考えていきたいですし、常にある種の仮構として全体性というものも考えられるようになると思います。これはパブリック・ヒストリーの中核に関わる問題だと思いますので、研究者同士で共有したいと思います。

大場　いま福島さんが仰られたように、本日はパブリック・ヒストリーやファミリー・ヒストリーなど、市井のレベルでの記憶の継承の話を中心に、大変有意義な議論が生まれたと思います。こうしたマクロな視点のクローズ・アップとあわせて、大西先生がご指摘された通り、占領という支配の構造を踏まえた上での主体的な記憶の継承が必要であるとまとめることができるのではないでしょうか。まだまだ議論は尽きませんが、ここらで討論の場を一旦閉じさせていただきたいと思います。登壇者のみなさま、そして会場のみなさま、お付き合いいただき誠にありがとうございました。

あとがき

本学の交流文化研究所は、交流文化・比較文化の研究拠点としてこれまでに数々のシンポジウムを開催してきました。ここ数年は、文学や芸術を中心としていましたが、次は建築・都市の視点でみてみたらどうかという話になり、建築を専門とする私がその企画を担当することになりました。大変荷の重い仕事を引き受けてしまったと、少々後悔しましたが、建築や都市は優れて文化的な存在でありますし、外国文化の影響を受けて変化するものでもありますので、交流文化研究の射程の幅広さを示す良い機会かもしれないと思い直し、企画を進めていきました。

占領期研究の蓄積が近年増えていることを踏まえ、シンポジウムのテーマは、近年、占領期研究が進展しつつあることを踏まえ、「占領期の都市空間を考える」としました。占領期とは、地域により差はありますが、一般に、ポツダム宣言を受諾し、サンフランシスコ条約の締結に到るまでの約七年半を指します。占領期は戦後日本が外国の文化に直に接触した時期でもあり、戦災復興により都市空間が大きく変化した時期とも言えます。この時期の都市空間に注目すれば、自ずと海外との文化交流の側面が見えてくるはずだと考えました。

しかし、占領下の日本がアメリカをはじめとする外国文化と接触した結果、どのような影響を受けたかを明らかにするのは容易ではありません。占領軍の生活や文化に向けられた眼差しには、しばしば憧れと反発が同居していましたし、占領する側と占領される側では、物事の捉え方が大きく異なるため、文化的な摩擦が生じることもあります。そうだとするならば、どんな影響を受けたかを直接観察しようとするよりもむしろ、異国に対する眼差しの変化、歴史認識やイメージの転換に注目する方が良いかもしれないと考えるようになりました。そして、当時の異国文化に対する認識や記憶はどのようなものであったのか、それがいかに継承されていったのか、このことに注目することで、占領期の都市空間における交流文化の新たな一面を浮かび上がらせることができるかもしれない、と考えたのです。

そこで、本シンポジウムでは、異なる専門分野から占領期研究に取り組んでいる研究者にご発表いただき、多面的に占領期都市空間の記憶とその継承の方法について議論することにしました。佐藤洋一先生からは写真というメディアを通して、都市空間に対する眼差しの違いを明らかにしていただきました。大西比呂志先生と村上しほり先生には、具体的に横浜と神戸の都市空間の変容をたどり、その違いを浮かび上がらせていただきました。また、福島幸宏先生からは、占領期の都市空間の記憶をどのように記録し、いかに後世へ伝えていくのか、アーカイブスの視点から貴重な示唆をいただきました。大場修先生にはシンポジウムのテーマをさらに深く掘り下げ、見事にまとめていただきました。

本シンポジウムが、当初の目論見通りに交流文化研究の広がりを示し、占領期の都市空間の記憶継承の問題を浮き彫りにできたとすれば、それはまさに登壇していただいた先生方のおかげです。ご発表を快くお引き受けいただいた先生方に深くお礼を申し上げます。特に企画の段階から数々の助言をいただいた佐藤洋一先生と村上しほり先生に心からの感謝を申し上げます。編集作業で大変なご尽力いただいた水声社の廣瀬覚氏、ご支援いただいた交流文化研究所所員の皆様、そして企画の実現に向けて、たびたび励ましの言葉をかけていただき、作業を暖かく見守り続けていただいた交流文化研究所所長の小林宣之先生に感謝の意を表します。

玉田浩之

編者／執筆者について

福島幸宏（ふくしまゆきひろ）　一九七三年、高知県生まれ。大阪市立大学大学院博士後期課程単位取得満期退学。専攻、歴史学。現在、東京大学大学院特任准教授。著書に、『青野原俘虜収容所の世界――第一次世界大戦とオーストリア捕虜兵』（共著、山川出版社、二〇〇七年）、『地域のなかの軍隊4』（共著、吉川弘文館、二〇一五年）などがある。

大西比呂志（おおにしひろし）　一九五五年、香川県生まれ。早稲田大学大学院博士後期課程単位取得満期退学。専攻、日本近現代史。現在、フェリス女学院大学教授。著書に、『横浜市政史の研究――近代都市における政党と官僚』（有隣堂、二〇〇四年）、『伊沢多喜男――知られざる官僚政治家』（朔北社、二〇一九年）などがある。

村上しほり（むらかみしほり）　一九八七年、京都府生まれ。神戸大学大学院博士後期課程修了。博士（学術）。専攻、都市史、建築史。現在、大阪市立大学客員研究員。著書に、『盛り場はヤミ市から生まれた・増補版』（共著、青弓社、二〇一六年）、『神戸　闇市からの復興――占領下にせめぎあう都市空間』（慶應義塾大学出版会、二〇一八年）などがある。

大場修（おおばおさむ）　一九五五年、三重県生まれ。九州芸術工科大学大学院修士課程修了。工学博士。専攻、日本建築史。現在、京都府立大学大学院教授。著書に、『京都学び舎の建築史』（京都新聞出版センター、二〇一九年）、『京都人が知らない京町家の世界』（淡交社、二〇一九年）などがある。

小林宣之（こばやしのぶゆき）　一九五三年、岡山県生まれ。大阪大学大学院博士後期課程単位取得退学。専攻、フランス文学。現在、大手前大学教授。著書に、『エクリチュールの冒険――新編・フランス文学史』（共著、大阪大学出版会、二〇〇三年）、訳書に、『ネルヴァル全集』全六巻（共訳、筑摩書房）などがある。

玉田浩之（たまだひろゆき）　一九七三年、愛媛県生まれ。京都工芸繊維大学大学院博士後期課程修了。博士（学術）。専攻、建築史。現在、大手前大学准教授。訳書に、テオドール・プルードン『近代建築保存の技法』（編訳、鹿島出版会、二〇一二年）などがある。

＊

佐藤洋一（さとうよういち）　一九六六年、東京都生まれ。早稲田大学大学院博士後期課程単位取得退学。博士（工学）。専攻、都市形成史、都市映像史。現在、早稲田大学教授。著書に、『帝政期のウラジオストク――市街地形成の歴史的研究』（早稲田大学出版部、二〇一一年）、『米軍が見た東京1945秋』（洋泉社、二〇一五年）などがある。

装幀――宗利淳一

大手前大学比較文化研究叢書16

占領期の都市空間を考える

二〇二〇年一一月二〇日第一版第一刷印刷　二〇二〇年一一月三〇日第一版第一刷発行

編者――小林宣之・玉田浩之

執筆者――佐藤洋一＋福島幸宏＋大西比呂志＋村上しほり＋大場修

発行者――鈴木宏

発行所――株式会社水声社
東京都文京区小石川二―七―五　郵便番号一一二―〇〇〇二
電話〇三―三八一八―六〇四〇　FAX〇三―三八一八―二四三七
［編集部］横浜市港北区新吉田東一―七七―一七　郵便番号二二三―〇〇五八
電話〇四五―七一七―五三五六　FAX〇四五―七一七―五三五七
郵便振替〇〇一八〇―四―六五四一〇〇
URL : http://www.suiseisha.net

印刷・製本――精興社

ISBN978-4-8010-0523-5